Pablo Ferreirós Bennett

EL LIBRO DEL NEUROMARKETING

LA EMOCIÓN DECIDE, LA RAZÓN JUSTIFICA

El libro del neuromarketing

©Del texto: Pablo Ferreirós Bennett
©De esta edición: NPQ Editores 2026
www.npqeditores.com
Primera edición: enero, 2026

Impreso en España

PEFC

Los papeles que usamos son ecológicos, libres de cloro y proceden de bosques gestionados de manera eficiente.

ISBN: 979-13-87868-71-0
Depósito legal: V-25-2026

EL LIBRO DEL
NEUROMARKETING

Pablo Ferreirós Bennett

Índice

Agradecimientos

Agradecer en primer lugar, a mi mujer, por su apoyo incondicional, por ser mi gasolina, mi 50% y aguantarme en tantos y tantos momentos de dudas, viajes, estrés, proyectos, etc.

A mi familia, por haberme dado una educación intachable y apoyarme en mis locuras, a mi hija, Paola, por ser como es y haber contribuido con su granito de arena como ilustradora de este libro.

Agradecer también a clientes, Universidades, Escuelas de Negocios y amigos en general por el apoyo, por creer en una disciplina, que hace no tantos años, todavía estaba en pañales.

Agradecer a Paz Navarro, por confiar en este proyecto desde esta editorial, y desde ahora «mi editorial».

A todos los profesionales que me he cruzado y han marcado una huella en mi camino, y en especial, a David Juárez por ser responsable de la picadura de este veneno llamado Neuromarketing, guía y compañero de viaje en esta locura desde el año 2016.

Del autor al lector, de mí para ti.

Permítame el lector, que esta sea la última vez que le hable de usted, con todo el respeto. A partir de este momento, nos tutearemos, con el fin de poder expresar de forma más clara lo que quiero transmitir con este libro que tienes entre manos, de la forma más cercana y directa posible.

Aquí te dejo un QR que será el primero de muchos *(puedes encontrar todos los enlaces directos de los QR al final del libro, por si algún día estos dejasen de funcionar),* por si quieres conocerme un poco más, más sobre mi BIO y así poder entender mejor el enfoque de este libro:

QR 0: Bio del autor y contexto del libro (6 mins.)

Adicionalmente, por si quieres conocer un poco más de mi lado profesional o personal, te dejo un QR a mi web personal y otro a una conferencia muy personal, que dicté en TEDxAlcoi:

TEDx   Web Pablo Ferreirós

Curso y comunidad Neuromarketing

Dado que el tiempo es oro, y es el bien más preciado que tenemos, me comprometo contigo a dos cosas que para mí son importantes:

La primera, mi primer compromiso es tratar de que este escrito sea una guía rápida de cómo aplicar el Neuromarketing para vender más y mejor, con ejemplos prácticos y algunos códigos QR que te llevarán a explicaciones en vídeo o a ejemplos reales ejecutados en procesos de consultoría.

Mi compromiso, es que el tiempo que inviertas en la lectura de este libro, no sea superior a 5 horas. En estas 5 horas, voy a tratar de trasladarte mis casi dos décadas dedicadas al marketing experiencial y al Neuromarketing desde la perspectiva empresarial, docente e investigadora/académica. En estos casi 20 años, he dictado más de 500 conferencias y clases sobre la temática, he publicado artículos científicos sobre la materia y he realizado más de 100 proyectos de consultoría de neuromarketing, cambiando el desarrollo y la experiencia de cliente para numerosas marcas en el ámbito nacional e internacional en más de 20 países. En los últimos 10 años, adicionalmente, he trabajado en dos laboratorios de Neuromarketing de una prestigiosa universidad española con la última tecnología midiendo emociones en distintos sectores, nichos de producto y marcas. Además, he implantado diversos laboratorios de Neuromarketing en distintas Universidades a nivel internacional.

Compartiré varios ejemplos reales en vídeo contigo para ilustrar mejor algunos conceptos y cuando sea necesario te llevaré a través de un QR a un vídeo explicativo en profundidad de alguna temática específica. Así que te pido 5 horas de tu preciado tiempo, a cambio de todo lo descrito anteriormente... ¿Te parece justo?

Mi segundo compromiso, es tratar de aterrizar y simplificar todo el lenguaje científico y los conceptos complejos excesivamente rimbombantes y académicos, a un lenguaje sencillo y comprensible. Si me permites la expresión: «Neuromarketing de barrio». A menudo he visto, especialmente en entornos investigadores que una forma de demostrar un conocimiento elevado sobre una materia específica es utilizar términos complejos, médicos, científicos y técnicos con el fin de impresionar a la audiencia y generar cierto halo de autoridad, incluso de distancia con la misma. Mi compromiso es todo lo contrario, creo firmemente que el neuromarketing no es una ciencia reservada a las grandes multinacionales. Este libro pretende ser útil tanto a John, *worldwide business international manager* de una multinacional en Londres, como a Paco el panadero o a María propietaria de una pyme en tu barrio. A pesar de ser Doctor en la disciplina y trabajar en mundos científicos y académicos, mi objetivo es divulgativo y de entretenimiento, no pretendo que sea un manual académico, ni mucho menos técnico. Te voy a hablar de tú a tú, con lenguaje lo más llano y aterrizado posible. Ahora que ya nos tuteamos, y estamos en confianza, utilizaré un lenguaje profesional, pero sin florituras.

Este libro es una mochila, que dejo abierta con toda mi experiencia para que cada uno coja lo que necesite o quiera o pueda aplicar en su día a día. Te voy a ir dejando distintos QR que te llevarán a vídeos explicativos, porque considero que hay conceptos o ejemplos que se transmiten o se complementan mucho mejor a través de un vídeo.

Aquí te va el segundo QR, o QR1, en el que te doy la bienvenida personalmente, y te detallo el funcionamiento de este libro, así que, bienvenido, bienvenida, te veo en el siguiente vídeo:

QR 1: Bienvenida y funcionamiento de este libro (3 mins.)

Capítulo 1

Los orígenes de mi pasión por el Neuromarketing y la famosa «pregunta del millón»

Todo empezó allá por el año 2005, cuando recién Licenciado de Publicidad y RR.PP, en la Universidad de Alicante, con grandes sueños de hacer «el anuncio del año», empecé a trabajar en agencias y empresas como director de marketing, director comercial y en ocasiones, director de marketing y ventas dependiendo del tamaño de la empresa. En mi primera etapa de agencia de publicidad, mis clientes me preguntaban cuando manejábamos campañas de 6 cifras (que a mis 22 años me temblaba el pulso en muchas ocasiones) con bastante frecuencia, la que yo consideraba «*la pregunta del millón*»...

Cliente random: «Pablo, me juego el 90% del presupuesto del año, en este spot de Tv. ¿Estás seguro de que va a funcionar?, ¿Vamos a cumplir con los KPI's? Porque me la estoy jugando con mi jefe...».

Cada vez que me hacían esa pregunta, me recorría un escalofrío por el cuerpo. Además, con muchos clientes ya mantenía una relación prácticamente de amistad, jugábamos al pádel/ golf juntos, comíamos, etc. Y cada vez se me hacía más difícil responder a la pregunta del millón. A pesar de preparar cada campaña al milímetro, evaluar todos los escenarios, y tener la certeza de que era lo correcto, siempre tenía esa vocecilla que me hacía dudar y eso me generaba mucha inseguridad y francamente, alguna noche de insomnio. Que ya de por sí me sobraban dado el ritmo de trabajo frenético que llevaba.

Así que abandoné rápidamente el mundo de las agencias. Aquella pregunta retumbaba por las noches en mi mente, no me dejaba dormir. Decidí dedicarme al mundo corporativo. Aquí la pregunta del millón era yo quien se la planteaba a la agencia, lo cual, para mí, egoístamente, era mucho más cómodo pedir resultados (incluso exigirlos) antes que contestar como agencia a esa bendita pregunta.

Sin embargo, me di cuenta rápidamente como director de marketing en más de 7 empresas de todos los tamaños, que *la pregunta del millón* no había desaparecido de mi vida... Pero esta vez, me la hacía mi director financiero, y más o menos acontecía de la siguiente forma que te escenifico:

Director financiero random: «Pablo, tenemos el ok de la propiedad de la empresa para la campaña de marketing de navidad (sustitúyase campaña de marketing de navidad por: Halloween, rebajas, evento, feria, gira de presentaciones, etc.), así que enhorabuena, PEROOOOOO, ¿Cuándo crees que vamos a recuperar la inversión para así yo poder hacer la previsión de tesorería y estimación de ingresos/gastos?».

De nuevo, esa pregunta me generaba escalofríos, porque a pesar de planificar todo al milímetro, siempre había multitud de variables que escapaban al control de todo ser humano. Y, lo más importante, tu target, el ser humano, a veces se comporta de forma totalmente imprevisible, y hace todo lo contrario a lo que esperabas con tu campaña.

Tip 1. El consumidor hace lo que le da la gana. No es un dato sociodemográfico en un PowerPoint, ni siempre se comporta de la misma manera.

Adicionalmente, no entendía por qué productos y marcas que eran competencia, haciendo lo mismo prácticamente, con precios similares, tenían resultados distintos. Es decir, veía las campañas de Coca-Cola/Pepsi, Mc Donalds/Burger King, y pensaba que tenían equipos humanos similares, productos similares, presupuestos similares, inclusive, campañas de marketing similares, pero tenían diferentes resultados. Esto, unido a la famosa pregunta del millón, me llevó a pensar que había algo que influía en las decisiones de compra, que no estaba en el producto, ni en el precio, ni en el servicio, ni siquiera en el propio marketing, que hacía que las personas se decantasen por una determinada marca o por otra.

Si aquello que me faltaba por comprender no estaba lo racional, debía estar en lo emocional. ¡Claro! Las emociones podían ser la respuesta a por qué hay campañas que funcionan y otras no. Las emociones podían ser la respuesta a por qué nos gusta la marca A y no la B, y siempre seremos fieles a nuestra marca favorita. Así que empecé a leer libros, investigar, acudir a conferencias y cada vez me interesaba más el marketing experiencial y ya empecé a escuchar los primeros susurros de algo llamado Neuromarketing. Eso sí que llamó mi atención fuertemente. Y aquí empezó todo...

En un evento al que me invitó una Universidad como conferenciante de marketing, conocí a una persona, al Dr. David Juárez que tenía curiosidades similares, pero, además, acababa de montar un laboratorio de Neurociencia aplicada al marketing dentro de una prestigiosa Universidad y conectamos en intereses, y empezamos a trabajar juntos. De repente, se alinearon todos los planetas. Yo estaba a punto de doctorarme en marketing, llevaba ya un par de años devorando libros de neuromarketing, y ahora me cruzo con otro Doctor, apasionado, mi compañero David Juárez, una persona que ya estaba empezando a medir emociones con toda la tecnología del mundo de la neurociencia al servicio del marketing. Me hablaban de eye-tracking, de respuesta galvánica de la piel, de sensores cardíacos, de codificación facial, de electroencefalografía... yo estaba alucinando. Es más, no solo me hablaban, aprendí a usar toda la tecnología, y por primera vez estaba midiendo a usuarios mientras observaban un spot de tv. Era la pieza del puzle que me faltaba. Pensaba sin parar, qué bien me hubiese venido toda esa tecnología de medición de emociones cuando me hacían la famosa pregunta del millón...

Empezamos a medir emociones en usuarios mientras veían un anuncio, veían un envase, escuchaban una cancion, entraban a una tienda física, compraban en una web... Las aplicaciones eran infinitas. Podíamos medirlo TODO, absolutamente todo. Cualquier cosa. No me lo creía. Era demasiado bueno para ser verdad. Siempre había sido un fiel defensor de las emociones y de las experiencias como clave de venta, pero es que ahora, las podía medir. Y esto lo cambió todo.

Por primera vez en la historia, podíamos medir las emociones de los clientes, indicando primero qué emociones sentían, y segundo, en qué intensidad numérica. Es decir, si Juan y Pepe, ven el mismo anuncio, y les preguntamos qué les ha parecido, y los dos dicen que les ha gustado. ¿Cómo medimos el «me ha gustado» de Juan y el de Pepe?, ¿Son lo mismo?, ¿Les ha gustado igual? No podemos comparar dos «me gusta», o me dos «me ha encantado» de dos personas distintas, porque son dos personas con valores, creencias, etc. distintos, pero la clave es que dentro del espectro de emociones del ser humano, sí que tenemos emociones que son comunes a todos, y ahí es donde podemos conocer qué emociones han sentido Juan y Pepe y en qué intensidad. Podremos saber si Pepe ha sentido felicidad en un 76% y Juan en un 84%, lo que nos llevará a la conclusión a priori, que Juan ha sentido más felicidad que Pepe viendo ese determinado anuncio. Ahora sí que podíamos comparar a quién le había gustado más. Toda esa información la contrastamos después de la medición emocional con una entrevista cualitativa tradicional, obviamente.

Dicho y hecho, nos pusimos a medir estímulos.

¿QUÉ ES UN ESTÍMULO EN NEUROMARKETING?

Muy sencillo, cualquier hecho que desencadene una reacción funcional en el organismo o genere un comportamiento. Aterrizado en lo que nos interesa para este libro que tienes entre manos, un estímulo será cualquier acción de marketing que la empresa trate de lanzar al consumidor y con ello inicio un proceso de toma de decisión. Te pongo ejemplos:

- Cuando vas por el lineal de tu supermercado, todos los envases (o packaging, que sabes que en marketing si no hablamos en inglés, mal) que ves son estímulos que te generarán una reacción (positiva, neutra o negativa).
- Cuando estás escuchando música y te interrumpen tu canción con anuncios, eso también es un estímulo.
- Una cata de producto o probar un producto a ciegas comparándolo con sus competidores.
- Un anuncio de Tv, Youtube, etc.
- Una web.
- Si acudes a un evento, concierto, cine, eso son estímulos que desencadenarán emociones y te harán vivir una experiencia y por ende, un recuerdo alojado en tu memoria.
- Participar en una clase como alumno.
- Una llamada de un comercial intentado venderte algo.
- Etc.

No sigo, para no aburrirte, pero mi conclusión fue, que podíamos medirlo todo en Neuromarketing, y con ello podíamos ayudar a las empresas a entender mejor a sus clientes y saber qué sentían con sus productos. Y, además, podíamos transformar productos/servicios en experiencias, lo cual no solo beneficiaría a las marcas, también al consumidor final.

Empezamos a visitar empresas para explicarles todo esto que os estoy relatando, y el potencial de esta ciencia, y nos miraban con los ojos como platos. Una mezcla entre incredulidad, asombro, curiosidad y motivación. Pero mi sensación era que les estábamos hablando de leer la mente, leer los posos del café o poco menos. Una vez les explicábamos que era ciencia, que había un respaldo científico y académico en todo lo que hacíamos, parecía que comenzaban a creer aquello que les estábamos contando. A lo largo del libro, podré compartirte algún proyecto mediante un código QR para que veas de primera mano, algún proyecto real en el que no tengamos un acuerdo de confidencialidad o ya haya expirado dicho periodo.

QR 2: Biometrías de Neuromarketing (16 mins.)

NEUROMARKETING: MITOS Y VERDADES

Ahora vamos con una de las partes que más hemos tenido que batallar especialmente los que llevamos algunos años en esta querida disciplina. En mis inicios, el principal reto que me encontré era la cara de alucinación que tenía gran parte de los CEOs y directores de Marketing a los que les íbamos a presentar un proyecto de Neuromarketing. Ahora, gracias a la ciencia, a la tecnología y a la difusión de la información, cuando hablamos de Neuromarketing en círculos serios (importante recalcar) manejamos casi todos una info similar.

QUÉ NO ES NEUROMARKETING

Entre los mitos y falacias que más he escuchado en mi carrera, me quedaría con esta selección:

1. **El Neuromarketing puede leer la mente.** Totalmente falso. Lo que podemos interpretar es la reacción mediante ondas cerebrales ante un estímulo concreto. Podemos saber dónde mira tu consumidor, interpretar su codificación facial, pero estamos hablando de biometría, de respuesta corporal, no de pensamientos (por no entrar demasiado en detalles técnicos). No es comparable (con todos mis respetos) al tarot, a la lectura de posos del café, ni a la magia. Se trata de una ciencia y hay que tratarla como tal. Una de las obsesiones que siempre hemos tenido en el equipo del laboratorio ha sido, que todo aquello que investiguemos, tenga validez científica, que siga las normas y criterios de la ciencia y con el respaldo académico pertinente. De hecho, fruto de todo esto, el 90% de los integrantes del laboratorio somos doctores y el resto son doctorandos próximos a lograrlo, y, de cada proyecto, tratamos de realizar publicación científica siguiendo los más estrictos criterios de evaluación.

2. **El Neuromarketing manipula a los consumidores para que compren cosas que no quieren y para que les gusten cosas que a priori no les gustaba.** Nuevamente falso. Podemos medir reacciones y emociones ante estímulos concretos y a través de un neuro-cualitativo (*entrevista cualitativa pero con la tecnología registrando emociones*) profundo entender los porqués de las tomas de decisiones, pero de ahí, a que compres algo que no quieres hay un mundo... En cualquier caso, esta es

una afirmación que he rebatido en multitud de ocasiones en público, cuando me han preguntado no menos de 50 veces. Mi respuesta más sincera siempre ha sido que esta ciencia nos ayuda a comprender mejor a los usuarios, qué sienten, por qué compran o no compran un producto, pero es información «fría», científica; lo que las marcas hagan con ella ya es a criterio de cada una. Pero como ciencia, no puedes manipular en ningún caso, y mucho menos ética y deontológicamente deberías ni siquiera pensar que alguien pueda hacerlo.

3. **Gracias al Neuromarketing podemos activar el famoso «botón de compra» de los consumidores y aumentar nuestras ventas.** Si el proceso de compra fuese tan sencillo de descifrar y existiese un botón de compra que pudiésemos activar, no veo razón por la cual todas las empresas y marcas no lo están activando – nótese el modo ironía ON – es más, descifrar este complejo proceso ha sido uno de los grandes retos del ser humano desde la psicología, la economía y otras muchas ciencias, y hoy en día sigue siendo un gran reto.

El proceso de compra, así como el comportamiento del consumidor no se pueden resumir a la existencia de un botón de compra que se activa o desactiva, se trata de procesos extremadamente complejos que se desarrollan en el tiempo basados en hechos e informaciones multifactoriales, y aquí es donde todavía se vuelve más complejo, dado que no solo involucran procesos conscientes, sino también inconscientes.

4. **El Neuromarketing no tiene validez científica, ya que no mide muestras amplias, y no es generalizable**

ni extensible al grueso de una población. Esta afirmación tampoco es correcta. Puesto que no buscamos representatividad numérica, ni estadística extrapolable, lo que se busca en este caso a través de la validez científica de la muestra, es la identificación de patrones de conducta, no de representación poblacional. Por ende, con muestras muy reducidas conseguimos dicha validez científica y no es necesario recurrir a muestras enormes de población.

5. **El Neuromarketing ha venido para sustituir a la investigación tradicional.** Para nada, de hecho, el Neuromarketing necesita de los métodos de investigación tanto cuantitativos (encuesta, experimentos, análisis estadístico...) como cualitativos (entrevistas en profundidad, observación participante, focus group, análisis documental...) para poder desarrollarse correctamente.

Mi opinión (muy personal), es que tendríamos 3 categorías de técnicas de recolección de datos, y que no se sustituyen, puesto que son complementarias, me explico desde obviamente mi punto de vista fruto de lo vivido:

CATEGORÍA 1: CUANTITATIVAS

La primera sería la cuantitativa, que se va a centrar en datos numéricos, buscar las relaciones causa-efecto entre variables y la interpretación de dichos datos numéricos para identificar patrones y tendencias, con el fin de poder generalizar esa muestra a una población más amplia, de manera más precisa y expresada en números. En esta técnica buscamos la objetividad como máxima.

En esta primera fase vamos a comprender la información a nivel interpretativo, lo que yo llamo los **Cuántos** de algo en concreto.

CATEGORÍA 2: CUALITATIVAS

Aquí vamos a explorar fenómenos en profundidad para comprender significados y contextos a través de conversaciones abiertas con individuos, observando en un entorno para analizar comportamientos y dinámicas, el estudio de reuniones con grupos pequeños para discutir temas específicos o el análisis documental puro y duro. Aquí no nos vamos a basar en información numérica, si no por lo general en resultados interpretativos por lo general expresados en lenguaje verbal. En esta fase vamos a tratar de entender los **Qués** y los **Cómos**.

CATEGORÍA 3: NEUROMARKETING Y NEUROCUALITATIVOS

Por Neuromarketing, no solo me refiero a las técnicas de medición de información a través de tecnología concreta (que de ahora en adelante me referiré a ellas como biometrías) sino también a las herramientas que veremos más adelante que no requieren de tecnología.

Una vez que finalizamos con la biometría y tenemos todos los datos extraídos de los distintos softwares, necesitamos ahondar más con el consumidor que hemos medido para entender a un nivel mucho más profundo, y aquí es donde entra en juego lo que llamamos en el laboratorio los Neurocualitativos. Cuando me refiero a Neurocualitativos, me refiero a esa conversación que mantienes con el usuario una vez has medido el estímulo, y tratas de ahondar en los porqués de lo analizado, pero el usuario sigue con la tecnología en funcionamiento registrando, lo cual nos va a brindar una información de mucho valor. Pongo un ejemplo, que seguro que será más sencillo de visualizar:

Una marca de chocolates Random nos contrata como laboratorio para medir una publicidad en redes sociales porque quieren medir la efectividad de dicha campaña con su target y cuál es su nivel de emocionalidad.

Aprovecho este ejemplo que me viene genial, para destriparte como suele ser en líneas generales un proceso de consultoría de neuromarketing al uso, a través de este ejemplo.

Por lo general, cuando una marca viene al laboratorio, suele ser el director de marketing o de experiencia de usuario de la marca quien lidera esta consulta, y en ocasiones acompañado del/ de la CEO de la compañía. Los principales motivos por los cuales una marca nos visita y requiere de nuestra ayuda, se podrían englobar de la siguiente manera:

- **Algún KPI no se está cumpliendo con un determinado producto o campaña.** En el 90% de los casos, suele ser que no se están cumpliendo los objetivos de ventas, pero también puede ser que no se estén cumpliendo otros KPIS como el reconocimiento de marca, la lealtad a la misma, la recomendación de producto entre sus clientes, la identificación en lineal, la conversión de lead en compras en su web, el reconocimiento del packaging en lineal de venta, cambio de logotipo y un sinfín de posibles objetivos que son específicos por sector, por producto y por marca.

- **La empresa va a lanzar un nuevo producto, un nuevo packaging o la nueva web corporativa** y quieren pretestear antes de lanzamiento con su target la efectividad de esta, en pocas palabras, si a su cliente final le gustará y si funcionará dicha acción.
- **Medir una acción de marketing con un alto nivel de inversión**. Con esto me refiero a que una marca destina gran parte de su presupuesto en una acción puntual de manera anual, véase, participar con un stand en una feria muy importante, un spot en Tv, etc. y esa acción supone gran parte del presupuesto de marketing y ventas anual y por ende quieren cerciorarse de que están en lo correcto.
- **Medir cuál es la percepción de la marca en el mercado.** Los ejecutivos de la marca tienen una sensación o corazonada de qué se piensa en el mercado sobre su marca y quieren corroborar dicha corazonada.
- **Medir las emociones en cualquiera de sus momentos de la verdad.** Entiéndase por momentos de la verdad (esto lo analizaremos en profundidad en el capítulo 6) aquellos momentos de contacto de la empresa con el cliente que son clave en los que se pone a prueba la lealtad con el usuario.
- Conocer más profundamente al usuario para poder anticiparse a sus necesidades y deseos.

En el 100% de estos supuestos, cuando los directivos de la marca acuden a nosotros, fruto de su experiencia y conocimiento del producto y del mercado, ya «huelen» algo, tienen una sospecha o una intuición de lo que está pasando realmente con su producto o servicio, pero quieren confirmarlo y medirlo de manera científica.

Aclarado esto, seguimos con la marca de chocolates random. Tal como hemos comentado, vienen al laboratorio con esa sospecha o intuición. Escuchamos lo que nos tienen que comentar, y nos ponemos con el briefing. El briefing, es ni más ni menos, que un documento, que a ser posible no supere una página, que resume de manera concisa y clara los objetivos, el target y la metodología que se va a utilizar para tratar de resolver la problemática que se plantea. Debe estar todo minuciosamente detallado, muy claro, y muy importante: Por escrito y aprobado por ambas partes. No será la primera vez que, a mitad de medición con una marca, surge una nueva inquietud y aparece el archiconocido *«yaque»*. *«Yaque»* es un momento complejo de cualquier consultoría y suele venir acompañado de: «Ya que estamos midiendo esta publicidad en redes, porque no también medimos el vídeo que tenemos en la *home* de la web». O, «ya que hemos medido 20 usuarios en esta tienda durante una semana, ¿Por qué no les decimos también a los usuarios que prueben el nuevo producto x?». La cara del equipo suele ser de miedo profundo, y bastante estupor, puesto que puede ser que ya llevemos 20 usuarios analizados, que deberíamos de descartar por haber estado ya expuestos al estímulo, lo que conllevaría volver a empezar desde absoluto 0, con los consecuentes retrasos en toda la cadena de trabajo y en los siguientes proyectos agendados.

Seguimos. Se aprueba el briefing y se firma. En él decimos, cuál es el estímulo para medir, cómo y a quién. Lo más importante después del briefing, es el a quién: EL TARGET. Esa muestra, quien mejor te la puede proporcionar es la propia empresa, puesto que son los que más conocen a su cliente, su mercado y su producto. De no ser así, lo proporcionamos nosotros.

Tip 2. Trata de definir la muestra no solo con valores sociodemográficos como el sexo, edad, nivel económico, lugar de residencia, etc. si no a través de esos valores, miedos, deseos, actitudes, estilo de vida, aspiraciones… la definición de Buyer Persona.

Listo el briefing, lista la muestra de usuarios. Ya hemos definido qué biometrías vamos a usar para este caso puntual —*Te recuerdo que tienes la explicación de las distintas biometrías en el QR2*— empezamos entonces a agendar usuarios para que vengan al laboratorio.

Es importante que cuando vengan a la experimental, no solo visualicen esa campaña concreta, para que no sepan exactamente qué es lo que estamos midiendo. Lo normal, es hacerles visualizar distintos vídeos, campañas, imágenes entre las cuáles estará obviamente la que realmente queremos medir. De esta forma no condicionamos al usuario puesto que no sabe realmente quién es nuestro cliente entre tanto vídeo y estímulo.

Antes de comenzar con el primer usuario, a nivel interno en el laboratorio, haremos varios usuarios de prueba internos, para comprobar que el estímulo está correcto y que la tecnología funciona correctamente tanto el hardware como el software, para que esté todo probado y listo cuando lleguen los usuarios reales.

Llega el primer usuario, tomamos notas de algunos detalles sociodemográficos que nos servirán a nivel estadístico y comenzamos a medir. Una vez que finaliza la medición, comenzaremos con el Neurocualitativo, que es cuando ya se le comenta al usuario, cuál es la marca que estamos midiendo realmente y empezaremos a profundizar en los porqués. ¿Qué te ha gustado más del anuncio y por qué? Y una serie de preguntas acordadas con la marca. Acuérdate en este punto, que el usuario sigue teniendo la tecnología puesta y operativa, por lo que cuando está contestando la parte cualitativa estamos registrando sus emociones.

Repetimos este proceso hasta llegar a la muestra necesaria. Te preguntarás cuál es la muestra necesaria, por lo general, la muestra viene determinada por la tecnología que más muestra representativa necesite. Por ejemplo, si medimos con seguimiento ocular que necesita por decir un dato, 10 usuarios, y lo completamos con una diadema de electroencefalografía, que puede necesitar 25 usuarios, la muestra en este caso viene marcada por la diadema, con lo que necesitaremos 25 usuarios en este caso.

Ahora es el momento de la extracción de la información del software y del posterior análisis. Una vez analizada toda la información, que no es poco el volumen de datos que se genera, procedemos a elaborar nuestras conclusiones para el cliente y nuestras propuestas de mejora, que será lo que se le trasladará como informe final. En este punto, el kit de la cuestión, y el reto como consultor, es traducir el lenguaje de la marca al lenguaje del mercado.

En un escenario ideal, se aplicarían las propuestas de mejora, y volveríamos a medir todo de nuevo con los cambios propuestos ya ejecutados para ver si efectivamente de esta manera se cumplen los objetivos buscados. Y así, una y otra vez, cambia, mide, cambia, mide hasta dar con la tecla correcta.

Ahora que ya eres conocedor de las entrañas de un laboratorio de Neuromarketing y de un proceso de consultoría, te confieso que lo que más me apasiona de todo el proceso, no es la tecnología, ya que yo la entiendo como un medio, no como el fin del Neuromarketing, el Neuromarketing es mucho más, lo que realmente me apasiona de este mundo, es que cuando te sientas con los ejecutivos de una marca y los escuchas, tú a nivel personal acabas la reunión siendo más sabio a nivel de mercado y de comportamiento del consumidor. Tienes la dicha de escuchar a directivos resumirte su experiencia con un producto durante años, en una hora. Es como si te comprimiesen a través de un USB todo su *expertise* y saber hacer, y eso se queda en tu mochila para siempre.

Adicionalmente, el hecho de que hoy estás sentado con un directivo de una marca de calzado, mañana con otro de una marca de moda, al otro con el de una marca de hoteles, helados, joyería, supermercados… hace que estés permanente aprendiendo y mejorando tu conocimiento del consumidor en todos los sectores. Créeme, que lo que yo he aprendido en esas reuniones, sería difícil de comprimir en un máster, y este tendría un precio desorbitado por el valor de esas vivencias, experiencias y profesionales que las han vivido. Con lo cual, proyecto tras proyecto, conoces más sectores, más marcas, más casos, más mercados y esto es lo que más me apasiona de este mundo. Con esa mochila que cada vez está más llena, estás más preparado para la siguiente reunión. Lo cual redunda en beneficio para las marcas, para el siguiente proyecto que vayas a acometer.

Capítulo 2

Por qué emocionar vende más que razonar

Hay un tema que me ha parecido siempre muy curioso… La habilidad que posee el ser humano de ponerse y quitarse la gorra de cliente y cambiar la manera de pensar. Me explico, cuando pensamos como clientes, nos encanta que nos emocionen, nos encanta vivir experiencias y sentirnos especiales, sentir que los mensajes de la empresa X van dirigidos a mí, y solo a mí. Pero, al ponernos detrás de nuestro escritorio como directivos de marketing y pensar en una campaña, nos centramos en detalles de producto e información racional. No lo entiendo.

Inclusive, las decisiones más importantes de nuestra vida están guiadas por una alta carga emocional: la pareja que elegimos, la carrera que decidimos estudiar, los amigos que elegimos, la elección de nuestro equipo de futbol favorito, partido político, etc. No conozco a nadie que diga: «*Me casé con mi mujer porque era buena arquitecta. Estoy super enamorado de ella por como diseña planos*».

Tampoco vi jamás a dos personas discutiendo de política en un bar, y que uno le diga al otro:

«Tienes razón, me has convencido. Mi abuelo era socialista, mi padre era socialista, y yo soy socialista, pero los argumentos que me has dado me han convencido, a partir de ahora cambiaré mi voto y votaré al partido X. Gracias por abrirme los ojos».

Todo en esta vida tiene una carga emocional. Desde cómo eliges a tu pareja hasta como fichas a alguien en tu equipo. ¿Cómo te gustaría que fuese tu pareja? Amable, alegre, detallista, apasionada, soñadora, divertida, creativa, atenta, positiva. Y, ¿Cómo te gustaría que fuese tu compañero de trabajo, tu jefe o tu equipo? Lo adivinas, ¿no? Está claro: Amable, alegre, detallista, apasionada, soñadora, divertida, creativa, atenta, positiva. La carrera o el máster que haya estudiado, verás rápidamente que no son tan importantes como la actitud. Contratas por aptitud y despides o asciendes a tu equipo por actitud.

Sin embargo, cuando nos ponemos la gorra de empresarios/directores de marketing y tenemos que hacer una campaña para nuestros productos, nos sale el ser más racional que llevamos dentro. Con esa gorra de lo racional, solemos caer en el café para todos, las promociones de precio y la bendita competición por precio.

`Tip 3.` Si no eres el más barato de tu nicho, no compitas por precio. Es una batalla a vida o muerte.

Durante numerosos siglos, hemos vivido inmersos en un pensamiento racional, la teoría llamada *Homo Economicus* que básicamente nos recalca en la historia que el ser humano es un ser meramente racional, que busca su interés propio y que a la hora de tomar sus decisiones (también las de compra) dispone de toda la información y posibilidades para tomar las mejores decisiones siempre. Esto es fruto de un pensamiento derivado del racionalismo absoluto, de economistas como Adam Smith o Pareto. Aplicado al mundo del neuromarketing, el proceso de compra se simplificaría a «pienso, compro, justifico».

Sin embargo, un Neurocientífico portugués, llamado Antonio Damasio, publicó en el año 1994 un libro que me rompió los esquemas: «*El error de Descartes*». Dicho libro me invitó a investigar sobre las emociones, y me encontré con el *Homo emotionalis*. Un modelo alternativo y más realista del ser humano. En este modelo, las emociones tienen un peso dominante en nuestras decisiones, influyen los sesgos cognitivos y la influencia social. Es decir, que somos capaces de justificar con la razón lo que la emoción ya decidió. Con lo que el proceso de compra sería «Siento, compro, justifico». Siento que lo tengo que comprar, lo compro y luego ya, me cuento a mí mismo el argumentario necesario para justificar mi acción de compra, en esto el ser humano es especialista.

DE LAS 4 P'S A LAS 4 E'S

Los prestigiosos y archiconocidos marketeros M. Porter y P. Kotler, que han marcado las reglas del marketing en los últimos 40 años, desde hace muchos ayeres, nos han hablado de las 4P's como el ABC del marketing, y como condicionamientos básicos de compra del consumidor por las características del Producto, su emplazamiento (Placement o Distribución), su valor económico de intercambio (**P**recio) y la **P**romoción que hagamos del mismo.

Pero mi estimado lector, si tienes este libro entre manos, es porque sabes o intuyes que todo ha cambiado...

DEL PRODUCTO A LA EXPERIENCIA

En una era tan globalizada, ya damos por sentada la calidad de los productos. Hay una estandarización de procesos de producción, de control de calidad y de regulaciones, lo que hace que los productos a nivel de calidad sean muy similares. Lo que sí que es extremadamente relevante es la experiencia que le hagas vivir a tu cliente con tu producto o servicio. Ya no importa quien seas como empresa, lo grande que seas, en cuanto países vendas...lo que si marcará la diferencia será lo que compartas con él. Los seres humanos queremos vivir experiencias, pero ya no solo en un viaje, por ejemplo, ahora queremos vivir una experiencia en la peluquería, en una compra on line, en un restaurante, y la experiencia lo condiciona todo. Somos seres ávidos de experiencias.

DEL PLACEMENT (DISTRIBUCIÓN) AL EVERYWHERE

Durante muchos años, hemos estado encadenados a tiendas físicas, con horarios determinados. Es decir, la zapatería Pepe, estaba en la calle X, y abría de 9h a 14h y de 17 a 20h, y esa era la forma que teníamos de relacionarnos con un producto/marca/servicio. La experiencia del usuario en un punto de venta físico ha sido una obsesión para muchos empresarios desde la aparición de internet. Ahora como punto de venta físico, no solo tienes que competir con las tiendas que hagan algo similar a ti, en tu calle y alrededores, sino que además tienes que competir con el mundo on line y el ya mencionado Sr. Amazon. Pero no solo eso, tienes que competir con un Pain, un dolor del cerebro del ser humano, que ya ahondaremos más adelante cuando profundicemos en las distintas partes del cerebro. En marketing como ya sabemos todos, siempre hablamos de necesidades. Ya entraríamos en el debate si se crean, se satisfacen o «son los padres». En Neuromarketing hablamos de pains, que son esos dolores que no dejan descansar al cerebro, más concretamente al cerebro reptiliano que es el que más calorías consume. El pain con el que tienes que luchar como tienda física, te lo ejemplifico:

Caso real personal: Tengo que ir a comprar unos grifos para mi nueva casa, tengo dos opciones, compro on line, o voy a una tienda física.

En la primera opción, puedo estar un sábado por la tarde en mi sofá, en la comodidad de mi casa, en pijama, tomándome un café, conç mi Ipad, teniendo acceso a infinidad de modelos, opiniones, comparativas, vídeos, testimonios, tutoriales, reviews, etc.

Opción 2, ducharme, vestirme, que se arreglen mi mujer y mi hija (tarea no siempre breve), meterme en el coche, meterme en el tráfico, aparcar y andar buscando lo que necesito. Y, de vuelta a casa.

No sé si podemos ver la cantidad de problemas que visualiza el cerebro en la opción 2, por no hablar del consumo calórico. Aunque veremos más adelante el cerebro en profundidad, os dejo un tip inicial, el cerebro consumo el 25% de las calorías que un ser humano adulto necesita al día. Es decir, si un adulto medio necesita 2000 – 2500 calorías al día para sobrevivir, entre 500 – 700 las consume el cerebro. Concretamente, el 97% de ese 25% lo consume el cerebro reptiliano. Como ya te digo, lo veremos más adelante, pero es un dato que me parece brutal.

Volvemos a los grifos y al centro comercial, que me gustan mucho los tips. Hemos trabajado con uno de los mayores constructores y diseñadores de centros comerciales en países del Este de Europa, y su principal obsesión en sus emplazamientos de centros comerciales, era siempre, analizar que centros comerciales estaban en un radio de 10, 20, 30 incluso 40 kms a la redonda para ver qué ofrecen, tipos de tiendas que tienen, marcas, oferta de ocio, restauración, etc. Cuando realmente, creo firmemente que desde 2020 especialmente, el principal enemigo de un centro comercial no es otro centro comercial que esté a 5, 10 incluso 20km, sino la pereza que se traduce en ahorro de energía y todos los pains anteriormente mencionados. Por ende, tu enemigo no será ese centro comercial de la competencia, sino ese Sr. Amazon o similares que pueden ofrecer on line productos/servicios similares.

Piensa qué puede ofrecerme una tienda física o un centro comercial que yo no tenga en la comodidad de mi sofá con un Ipad:

• ¿Más opciones de producto?
  Lo dudo.

- ¿Más disponibilidad para comprar?
  Lo dudo.
- ¿Mejor precio que una tienda on line?
  Lo dudo (y mucho).
- ¿Más comodidad?
  Imposible, todos sabemos que el lugar más cómodo del mundo es tu sofá.

Por ende, la única cosa que puedes hacer para que yo me vista, me meta en el tráfico de una ciudad y pase el día andando por un centro comercial, abandonando la comodidad de mi casa, será la experiencia que me hagas sentir, que me merezca la pena saltarme todos los pains y visitarte en persona. Esto no es un tip, es un TIPAZO.

DEL PRECIO AL INTERCAMBIO (EXCHANGE)

Busca que haya un intercambio de valores, más que una transacción económica. Que yo lleve una manzanita en mi teléfono, o una taza de café X, o una camiseta Y, va a decir cosas de mí. Si me gustan esas cosas que dice esa marca de mí, ese intercambio de valores, compraré más. Y el precio, no será un impedimento.

DE LA PROMOCIÓN AL EVANGELISMO

Busca tu tribu. Y si no, créala. No busques clientes para tus productos, busca productos para tus clientes. Conoce a tus clientes a otro nivel, para saber qué ofrecerles. Una vez que conectes con ellos en ese nivel de engagement (conexión emocional), tendrás clientes dispuestos a ayudarte, incluso a defenderte y a predicar las bondades de tu marca. Y, muy importante, tendrás una comunidad lista a tatuarse tu logo sin dudarlo y a defenderte en una situación de crisis de marca.

EL MÉTODO FERRE: PRODUCTO – MARCA - EXPERIENCIA

El Método Ferre, 7 pasos que cambiarán el rumbo de tu empresa y de tus ventas:

1. Conoce a tu Buyer Persona y busca productos y servicios que ofrecerle, no al revés.
2. Diferénciate y no compitas por precio.
3. Asóciate a una emoción y vende a través de ella desde la estrategia.
4. Vende un porqué.
5. Crea un storytelling potente.
6. Construye una tribu.
7. Las 3Vs - Valor - Viral - Venta.

Ilustradora: Paola Ferreirós, 11 años

Esto es lo que yo llamo la pirámide de la experiencia. Solo unos elegidos llegan a la cúspide de la pirámide. Unos pocos elegidos, que con sus clientes y usuarios no tienen que hablar de precio, ni tienen que negociar, ni les piden descuentos porque han subido todos y cada uno de los peldaños de esta pirámide. Es muy difícil, por no decir imposible saltarse un peldaño, hay que trabajar cada uno de ellos, y no podrás escalar hasta estar sobradamente preparado.

Esta pirámide consta de 3 grandes escalones. A medida que escalamos en ella solemos encontrar innumerables beneficios como:

- Premium Price.
- Buena elasticidad de precio (tu cliente aguantará subidas porcentuales de precio sin marcharse a la competencia).
- Menos competencia.
- Alta lealtad de marca.
- Evangelios fidelizados que recomiendan tu producto.
- Huir de la pelea por precio.
- Mayor índice de satisfacción.
- Menor riesgo financiero.
- Diferenciación.

EL PRIMER ESCALÓN DE LA PIRÁMIDE: PRODUCTO

¿Qué significa estar en la fase de producto?

Tu producto/marca/servicio no ha invertido demasiado en marketing. Tienes un departamento de marketing inexistente, pequeño o que no tiene peso en las decisiones de la empresa, y en muchas ocasiones depende de comercial.

Tienes un buen producto, pero no puedes venderlo sin hablar del mismo. Tienes que venderlo describiéndolo, por características técnicas, funcionalidad, beneficios, atributos y elementos descriptivos del mismo.

En tu nicho, los márgenes están muy ajustados, la competencia es atroz, y tienes que ir a volumen. Es decir, información más bien racional. ¿Cuál es el problema aquí? Que, si yo compro un producto por sus características técnicas o por su funcionalidad, voy a comparar qué productos hay en el mercado que satisfagan esa necesidad con esas características.

Adicionalmente, le estamos lanzando al consumidor, mensajes racionales, por tanto, la parte del cerebro que va a procesar esa información es la parte del cerebro que procesa la información lógica y racional, el Neocórtex. Por ende, si lanzamos mensajes racionales: respuesta racional de tu cliente. El elemento más racional que tiene el ser humano a la hora de comprar, como ya te estás imaginando, es el precio.

Es decir, que si juegas en el escalón del producto, te van a comparar y ante igualdad de características compraré el más barato. Esto nos lleva a una competición en tu nicho a ajustar el margen. Y como me dijo mi primer profesor de marketing cuando estudié mi primer MBA, «**si no eres el más barato, no vendas ni compitas por precio**» por dos motivos, el primero porque siempre tendrás los márgenes estrangulados, y segundo, porque siempre hay alguien dispuesto a vender más barato que tú. Es una pelea a muerte.

Si yo estoy buscando comprarme un teléfono y tú me dices que tu teléfono tiene:

- Pantalla de 5 pulgadas.
- 256 GB de memoria.
- Cámara de 10 megapíxeles.
- 1 día de batería.

Te compararé con todos los que tengan esas características y compraré el más barato. Salvo, que sea la marca que nos guste, que confiemos en ella o la que nos permita estar en un círculo de amistades o proyecte una imagen de nosotros. Que eso es otra cosa muy distinta. En esta etapa vendemos **«qués»**.

EL SEGUNDO ESCALÓN: LA MARCA

A finales de los años 90 con la globalización y las economías de escala, los directores de marketing de las grandes marcas se dan cuenta de que a medida que quieren subir el precio o vender con el famoso premium Price, si vendían por atributos y características, los clientes no soportaban subidas de precio, su elasticidad de precio era casi nula, puesto que comparaban entre productos y se iban al más barato. Es decir, el cliente no consentía subidas, y, se acostumbraba a las bajadas de precio y a las promociones, luego era muy complicado volver al precio original después de una campaña.

¿Qué podían hacer para vender más y más caro?

Las marcas se dieron cuenta, que, si diferenciaban el producto de la competencia, y le dotaban de unos valores, una identidad de marca, aquellos consumidores que se sintiesen identificados, iban a estar dispuestos a pagar más... ¡BINGO!

Por lo que entramos en la fase de marca. En la que damos por sentado que nuestro producto es bueno, ya hemos realizado varios años un trabajo de marketing para que el público nos conozca, y empezamos a hablar de ese intangible llamado marca.

Para mí, la marca no deja de ser un soporte al que le dotamos de un halo y de unos valores, creencias, actitudes y estilos de vida que van a acompañar al producto/servicio, y que son una promesa que no podemos romper jamás, porque es nuestra identidad. Por tanto, ya no conectamos por características si no por lo que los americanos llaman los VALS (Values, Attitudes and LifeStyles) por Valores, Actitudes y Estilos de Vida. Aquí es donde, mi estimado lector, empieza la magia.

Yo, estaré dispuesto a pagar más para llevar 4 circulitos en la parte delantera de mi coche, o una estrella de tres palos, sabiendo que puedo encontrar un coche muy similar, con los mismos caballos, mismo consumo, misma autonomía, garantía, etc. en la competencia. Cuando conectas por valores y estilos de vida, estás conectando con lo más profundo del ser humano. Y aquí, te garantizo que no se compite por precio.

En este segundo escalón, ocurre otro hecho fundamental. Si en el primer escalón decíamos que nos comunicábamos con el Neocórtex (cerebro racional), en este escalón nos comunicamos con otra parte muy distinta del cerebro, y casi opuesta. La parte de nuestro cerebro que se encarga de los valores (aquello que es importante para mí, definiciones para mi persona de conceptos como el amor, la justicia, la libertad, etc.), de los estilos de vida y de las actitudes es el «cerebro emocional», el sistema límbico. Por ende, mensaje de marca, respuesta emocional de tu cliente. De ahí, que, en este escalón, tengamos más facilidad para soltar el bolsillo y el precio salga de encima de la mesa de negociación.

¿Y ahora qué?

Ya tengo un buen producto. Ya tengo una marca reconocida y mi público me aprecia (y no me compara). ¿Qué nos falta? Muy sencillo. Enfocarte en tu cliente. Sacar el foco de tu producto, y centrarlo en tu cliente. Estamos en la era del compartir. Lo importante no es quién seas, es lo que compartes con tu público y cómo lo hagas sentir. En este escalón, vendemos **«quién»**.

ESCALÓN 3, «LA CÚSPIDE»: LAS EXPERIENCIAS

Corría el año 2001. Aquí es donde me voló la cabeza y entendí que nada volvería a ser igual. Todo por culpa de un spot de Tv… pero volveré aquí un poco más adelante… Luego entenderás el porqué.

Recuerdo que, en el año 2008, organicé un evento llamado *«El día de la publicidad»* en el salón de actos de un reconocido periódico de Alicante y tuve la suerte de contar con Toni Segarra como uno de los conferenciantes de mi evento. Toni Segarra, era uno de los publicistas más top del momento, me habían hablado sin parar de él en la carrera. Y de repente, me veo presentándolo en un evento que organizaba yo en una escuela de negocios que trabajé, guau. De verlo en los libros de mi carrera, a hablar con él por teléfono para invitarle, a presentarle en público... Este señor, trabajaba en una agencia (SCPF) y creo que fueron los que rompieron la baraja, al menos en este lado del charco. Recuerdo estar viendo la Tv un día cenando con mis padres. Y en una pausa publicitaria de aquellas de 7 minutos, ver el spot de un coche alemán, considerado de alta gama. Y el spot, era tremendamente rompedor para aquella época. Era el año 2001, pero lo recuerdo como si fuese ayer... Por aquel entonces me gustaba mucho ver la publicidad de la Tv porque te indicaba el nivel social y cultural de un país. Me giro a ver los anuncios en esa cena, veo un plano subjetivo dentro de un coche, desde el punto de vista del conductor, y un brazo asomado por la ventana moviéndolo de arriba abajo como surfeando con la mano las olas del viento, distintos paisajes de fondo. Pantalla en negro. Logo de BMW y el eslogan «¿Te gusta conducir?», *Segarra, T. (2001). ¿Te gusta conducir? Anuncio publicitario. BMW España/Agencia SCPF.*

¡WOW! Casi me explota la cabeza. Una marca de coches que no enseña ni un segundo el coche, que no dice que modelo anuncia. No habla de caballos, de prestaciones, de precio... de nada. En ese momento cambió el marketing para siempre. Se considera todavía hoy en día uno de los mejores anuncios de la historia de la publicidad en España. Por culpa de este spot de Tv estudié la carrera de publicidad y RR.PP. un año después.

Aquello fue rompedor. Conectar con un gusto, una afición, un estilo de vida, hablándole de tú al usuario, y con una cámara en plano subjetivo. 0 producto, 0 venta, 0 persuasión. Puros VALS. Me encanta...

Evidentemente, volvemos a lo mismo, no todos podemos hacerlo. Tienes que tener primero un buen producto. Segundo, una buena marca para llegar a este escalón. Y esto, lleva tiempo, sudor y mucha inversión. No ocurre de la noche a la mañana, pero si lo tienes claro, cuanto antes comiences a trabajar en ello, mejor. Es importante que seas honesto contigo mismo. No te engañes jugando al solitario. He impartido más de 500 conferencias de Neuromarketing en los últimos 10 años. En el 90% de las ocasiones, cuando pregunto quién está en la fase de producto, apenas un 1% de los asistentes levantan la mano. Todos, están supuestamente en la cúspide de la pirámide. Obviamente es un sesgo de percepción. No es ni mejor ni peor, simplemente tenemos que ser honestos con nosotros mismos para ubicar en qué escalón estamos y ver si podemos trabajar para escalar. Ni más, ni menos.

«Pablo, es que mi empresa vende mármol, nos es muy difícil salir de la fase de producto, no es lo mismo que el que vende viajes, ropa o un restaurante con estrella Michelín». Y sí, estamos de acuerdo, si vendes agua, leche, lejía, mármol o productos muy técnicos, es probable que estés y debas quedarte en el escalón del producto. Pero has de ser consciente que siempre, siempre, el precio va a estar encima de la mesa con tu cliente. Acuérdate de lo que te digo, SIEMPRE. Además de ser agotador, los márgenes se reducen.

Busca un elemento, a ser posible, una emoción o una experiencia, asóciate a ella y grábala a fuego en la mente del consumidor. Para que cuando piense en ti, te asocie con esa emoción o experiencia. Ese famoso Coca-Cola – Felicidad o Volvo – Seguridad.

A tu cerebro, le cuesta menos etiquetar algo, que intentar entenderlo. Es demasiado el consumo calórico, por tanto, antes de que el cerebro de tus clientes te ponga una etiqueta, elige tú a qué te quieres asociar. El principio de asociación es muy poderoso. Para ello debes elegir, y elegir es renunciar. No podrás ser el más alto, el más guapo, el mejor producto, el más barato... has de elegir una emoción/experiencia y centrar el tiro hasta que se quede grabado a fuego en la mente de tu consumidor.

Y aquí, cuando has sido capaz de elevar tu producto, a la cúspide de la pirámide es donde la magia ocurre. Ya no tienes que vender tu producto o servicio hablando de sus características porque ya te conocen. No tienes que decir quién eres como marca, porque ya te conocen, saben quién eres, cómo eres, confían en ti y tu público comulga con tu estilo de vida y valores. Te limitas, a explicar qué va a sentir tu cliente cuando use o disfrute tu producto o servicio. Aquí, mi estimado lector, es cuando como dicen mis alumnos veinteañeros *«profe, te has pasado el juego».*

Y efectivamente parafraseando a mis alumnos, eso es pasarse el juego, rescatar a la princesa y matar al monstruo final. En la cúspide de la pirámide, te vas a encontrar con un camino de rosas. Tu target te va a estar agradecido, no tendrás que batallar por el precio (márgenes más altos) y por lo general los altos índices de satisfacción van a venir acompañados de la creación de una comunidad fiel, dispuesta a defenderte y viralizarte. El summum del marketing y el sueño de cualquier marketero: Vender con premium Price, generar experiencias y consolidar tribu.

QR3: Mi teoría de Producto, Marca y Experiencia (15 mins.)

Es importante que conozcas las necesidades, deseos y pains en las 3 fases de la pirámide, y entender que las necesidades del ser humano están cambiando, un poco a modo de parodia, siempre pongo esta imagen de las nuevas necesidades del ser humano del Sr. Maslow.

Ilustradora: Paola Ferreirós, 11 años

Busca ese cargador de móvil gratuito en tu negocio, ese wifi... en definitiva, ese pain que puedas resolver sin tener que hablar de producto ni tocar precio.

Capítulo 3

Por qué el cerebro es tu nuevo mercado objetivo

Trabajamos en consultoría de marketing por lo general, con 3 tipos de posicionamientos:

Posicionamiento real: Qué posición ocupa tu marca en el mercado. Es un tema objetivo, de números. Normalmente viene determinado por tu volumen de ventas. En función de ventas o de cuota de mercado, puedes ser el líder, estar en el top 3, entre los 20 primeros, etc. de tu nicho de mercado. Es un tema numérico, objetivo.

Luego tenemos, el **posicionamiento ideal**: Qué posición quieres ocupar dentro de 5 años en tu nicho de mercado. Ojo, que no es la carta a los reyes magos. Tiene que ser objetivo, realizable y plausible. Es decir, debo tener los medios humanos, el know-how, los recursos económicos para llegar a dicha posición. Es parecido a la visión de una empresa, pero solo se refiera a la posición competitiva.

Por último, y más importante, tenemos el **posicionamiento mental:** Qué posición ocupas en la mente del consumidor. Este posicionamiento es muy poderoso, y extremadamente caro, porque una vez que adquieres una posición en la mente del consumidor, será muy difícil que cambie de opinión, por el fenómeno del etiquetado. Nuestro cerebro vive permanentemente poniendo etiquetas a todo, porque de esa manera, no tiene que hacer un esfuerzo extra de pensar demasiado en las cosas, lo cual le ahorra energía. Un ejemplo ilustrativo que utilizo siempre en mis clases, y que alguna vez me he visto reflejado sin querer, es el siguiente:

El profesor entra en una sala llena de alumnos. María, que está en primera fila sentada, lo mira y piensa, «este profesor parece ser una buena persona, me transmite buena vibra, va bien vestido, me cae bien». El profesor, se acerca, le extiende la mano para saludar a María, y le dice: «*Hola, soy Pablo, ¿Cómo estás? Encantado*» y María, saboteada por ese fenómeno del etiquetado cerebral, y esa característica que tenemos todos, que nos encanta tener razón y confirmar sospechas, alimentada por el famoso sesgo de confirmación, pensará «*Efectivamente, tenía yo razón, este profesor es muy majo, es un crack*».

Sin embargo, si cuando el profesor entra en clase, María hubiese pensado: «*Vaya pintas tiene este profesor, no me gusta su camisa, tiene una actitud un poco chulesca*» cuando el profesor le hubiese dicho extendiendo la mano: «*Hola, soy Pablo, ¿Cómo estás? Encantado*», María hubiese pensado inmediatamente: «*Efectivamente, tenía yo razón, este profesor no me cae bien, es un chulo*».

En resumen, las percepciones y los posicionamientos mentales son muy complicados de cambiar, y extremadamente caros. Vas a tener que invertir mucho dinero para cambiar una percepción mental. Cuando algo se graba fuego en la mente del consumidor, no lo podrás cambiar fácilmente. Así que cuidado cómo te posicionas, y cuidado con las primeras impresiones, que se crean en un segundo, pero pueden perdurar de por vida.

Si una empresa, tiene dos posicionamientos alineados, por ejemplo, que su posicionamiento real es que es la empresa líder, y cuando salen al mercado a preguntar (posicionamiento mental) los consumidores piensan que los líderes de su categoría, significa que esa empresa ha hecho un buen trabajo de marketing, en cuanto a consistencia de marca y posicionamiento se refiere.

¿Es posible que los tres posicionamientos de una empresa estén alineados? Si, pero no es lo común. Este privilegio está reservado para algunas marcas que han hecho una labor brillante de marketing y de consolidación de marca —además de haber invertido cantidades estratosféricas en campañas de marketing— y las podemos contar con los dedos de las manos.

NECESITAS ENTENDER CÓMO FUNCIONA TU CEREBRO (Y EL DE TUS CLIENTES)

Algo de historia…

En la década de los años 60, el neurólogo y psiquiatra estadounidense, P. MacLean, esbozó esta teoría del *modelo triuno*, que habla de los 3 sistemas cerebrales. Según esta teoría, existen 3 sistemas distintos y con evoluciones distintas a nivel cerebral, que se desarrollaron con la evolución de los mamíferos.

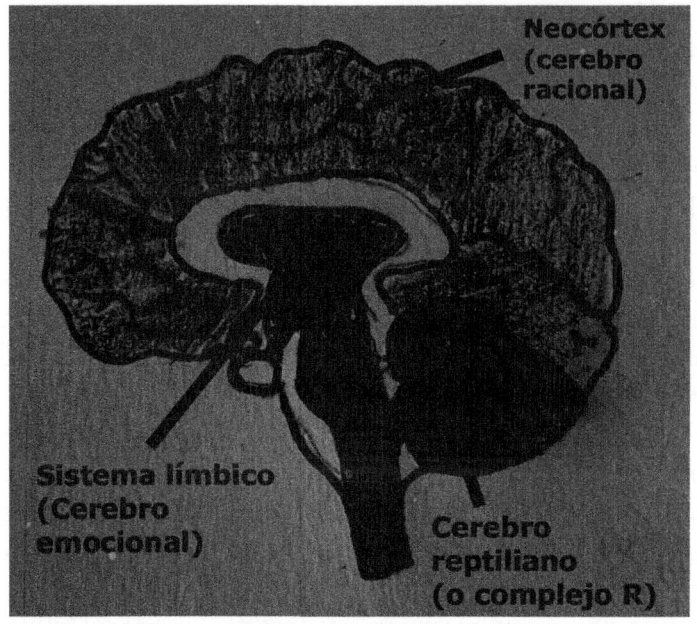

Representación del «Modelo Triuno», P. McLean. Autora: Paola Ferreirós

Estos tres complejos son el cerebro reptiliano, el sistema límbico y el neocórtex. Estos 3 sistemas operan de forma independiente, hasta el punto de que a veces pueden llegar a entrar en conflicto entre sí.

Comenzaremos por el cerebro más antiguo, **el complejo reptiliano.**

Esta es la parte más primitiva, intuitiva y antigua del cerebro. Se encuentra en la base del cerebro. Está presente en todos los vertebrados, incluido los humanos. Su nombre viene dado por su similitud con el cerebro de los reptiles. Tiene un solo objetivo: sobrevivir. Su obsesión es la supervivencia, y está siempre activo por y para ello.

Se encarga de todas aquellas funciones básicas como la respiración, la digestión, el latido del corazón, regulación temperatura, el sueño, hambre, sed, descanso... Básicamente nos quiere mantener vivos. Se encarga además de todos los movimientos involuntarios del cuerpo, los reflejos y la intuición. En este cerebro se construyen las respuestas automáticas ante el entorno.

En esta parte del cerebro, se gestiona la famosa teoría de «Lucha o fuga» por la cual estamos todos vivos hoy en día. Esta teoría, es muy sencilla, pero potente. Básicamente, nos ha permitido vivir desde «la jungla». Cuando estábamos en la jungla 10.000 años atrás, y nos cruzábamos un peligro, teníamos muy poco tiempo de reacción porque la consecuencia podía ser la muerte, ser atacado, devorado, etc. Por ello, el cerebro reptiliano que es el más rápido de los 3, guiado por lo visual y por la intuición, en micro milésimas de segundo tenía que tomar la decisión de luchar o escapar con el fin de sobrevivir. Si el peligro era más débil o pequeño que nosotros, podíamos enfrentarnos a ese peligro, de lo contrario, si era un animal o un peligro más grande, superior en fuerza o más letal que nosotros, optábamos por correr y huir por nuestra vida. Este cerebro toma decisiones en milésimas de segundo y se guía fundamentalmente por la vista con el objetivo de salir vivos de una situación.

Cómo trabaja el reptiliano en esta teoría, para ambos escenarios, tanto para luchar como para huir. Muy sencillo, nos prepara a nivel físico y químico para tomar acción:

- Activación del sistema nervioso simpático.
- Liberación de adrenalina y cortisol.
- Manda oxígeno a los músculos.

- Tu corazón bombea más rápido para enviar sangre a los músculos que van a entrar en juego, principalmente brazos y piernas.
- Incremento de la respiración.
- Dilatación de las pupilas.
- Reduce las funciones que no son importantes para la lucha o fuga como la digestión, por ejemplo.
- Tensión muscular.
- Supresión del dolor temporal.

Además, este cerebro está implicado en la regulación de las emociones básicas, como pueden ser la ira y el miedo. Aquí nacen las respuestas emocionales automáticas. Este cerebro debe tener una relación con los otros dos sistemas cerebrales, que tienen una evolución superior como son el sistema límbico y el Neocórtex.

Aquí te dejo algunas características de este sistema reptiliano:

- Data de hace al menos 500 millones de años.
- Es el más rápido que tenemos.
- Es muy limitado.
- Intuitivo.
- Siempre alerta.
- Solo se enfoca en el presente, en el ahora.
- Siempre está «encendido» y alerta.
- Es muy egoísta, solo piensa en sí mismo.
- Muy difícil de controlar.
- Es decisor.
- Subconsciente.
- Aquí no se aloja la capacidad del habla, es muy visual.
- No le gustan los esfuerzos a largo plazo.

Un dato curioso de este cerebro, es que como siempre está encendido porque piensa que seguimos en la jungla y lo que quiere es mantenernos a salvo, siempre está en alerta, consume muchísimas calorías. El cerebro necesita aproximadamente un 25% de las calorías diarias que necesita un ser humano para sobrevivir. De ese 25%, el 97% las consume solo el cerebro reptiliano.

Vamos con el segundo cerebro. El **sistema límbico**. Este sistema se encuentra debajo del Neocórtex, en la parte central y es el cerebro de los mamíferos. Este es el complejo de las emociones. Más conocido como el centro emocional del cerebro. Trabaja en la regulación de emociones, la memoria (a corto y largo plazo) y se entiende muy bien con el cerebro reptiliano a la hora de tomar decisiones para sobrevivir.

Aquí se alojan gran parte de las creencias, los valores, lo que es importante para mí, mi definición personal de conceptos tan importantes para el ser humano como el amor, la libertad, la justicia, la amistad y aquello que tiene valor para mí mismo.

El sistema límbico juega un papel clave en el neuromarketing, dado que es aquí se aloja lo que los americanos llaman los VALS (Values Attitudes & LifeStyles). Es extremadamente importante vender a través de los VALS, y no a través de características técnicas del producto. Pero esto lo veremos más adelante.

Este sistema se compone del Hipocampo, el tálamo, la amígdala y la corteza cingulada. El hipocampo está involucrado en la formación de la memoria a largo plazo. La amígdala está relacionada con la regulación de las emociones. Por no entrar demasiado a nivel científico, que no es el propósito de este libro, te voy a decir un dato que creo que es fundamental en este mundo. Te hago una pregunta, ¿Sabes qué tiene que tener un evento o un acontecimiento para que te acuerdes de él al menos 8/10 años? Es decir, que se quede en tu «memoria a largo plazo». Pues te doy un tip, solo hay 2, y solo 2 maneras de que una cosa sea la que sea, se quede en tu memoria a largo plazo:

- La repetición (presupuesto).
- Una alta carga emocional.

La repetición hará que te acuerdes durante muchos años. Aplicado al mundo del neuromarketing, cuántas veces eres capaz como marca de repetirme el mismo mensaje por el máximo número de plataformas hasta que se quede grabado a fuego en mi memoria a largo plazo. Cuántas veces puedo repetirte el famoso «siempre Coca-cola» por todos los medios, a todas horas. Esto se traduce en cuál es tu presupuesto de inversión publicitaria. Por desgracia, no todos disponemos de los presupuestos de las grandes marcas de inversión publicitaria. Por tanto, te voy a recomendar la segunda opción. Mucho más económica, al alcance de todos, y ¿Sabes qué? Donde ocurre la magia.

La segunda opción, será que se despierte una emoción con una alta carga, ya sea positiva o negativa, que hará que nos acordemos de ese suceso al menos 10 años. Si somos capaces de tocar emociones en nuestra comunicación y publicidad con nuestros clientes y target, será muy probable que se acuerden de nosotros de por vida. El cerebro, adicionalmente tiene una capacidad de memoria limitada, es como un ordenador, no es infinito. Todo aquella que sea rutinario o no tenga una alta carga emocional, será eliminado.

Adicionalmente, para que veas que sabia es la anatomía humana, la propia composición del cerebro ya nos da las claves del éxito del neuromarketing. Qué curioso, que la parte del cerebro que se encarga de la memoria a largo plazo, llamada el hipocampo, se encuentra en el sistema límbico, que se encarga de la gestión de las emociones... La constitución del propio cerebro nos dice ya de antemano, a qué cerebro tenemos que comunicar, si queremos ser recordados. ¡Alucinante! Pero esto lo veremos un poco más adelante.

Tip 4. Introduce emociones en los procesos estratégicos para ser recordado.

El sistema límbico, además, regula dos emociones clave en los procesos de compra: el estrés y el placer que condicionan en gran medida, nuestra compra o no compra. En este sentido, las emociones y los recuerdos condicionan en gran medida nuestro comportamiento de compra, y en nuestro día a día como seres sociales.

Vamos con el tercer y último sistema. El **Neocórtex** (la nueva corteza). Este cerebro es también de los mamíferos, pero especialmente de los seres humanos. Es el último cerebro que hemos desarrollado, de ahí esa forma que le caracteriza ya que ha ocupado el espacio entre los otros dos cerebros y el cráneo. Más conocido como el cerebro racional, o de la inteligencia. Este cerebro es el más desarrollado y evolucionado. Aquí se trabajan las funciones cognitivas más complejas, el lenguaje, la imaginación, el pensamiento, planificación, conciencia, resolución de problemas y es donde está alojada la capacidad del habla.

A su misma vez, este se divide en lóbulos:

- Frontal – control motor y decisiones.
- Parietal – Percepción espacial y atención.
- Occipital – Percepción visual.
- Temporal – Memoria y lenguaje.

Algunas características de este cerebro:

- Apenas existe desde hace 10 millones de años.
- Es lento, porque requiere de un proceso complejo.
- Es inteligente.
- Puede pensar en pasado, presente y futuro.
- Puede planificar a largo plazo.
- Valora los esfuerzos a largo plazo.
- Es donde se aloja la capacidad del habla.
- Racional.
- Consciente.
- Lógico.
- Controlable.

Dicho esto, ahora imagina que las decisiones de lucha o fuga, las tomase el Neocórtex... que es un cerebro analítico y más lento, estaríamos todos muertos. Imagina, en pleno peligro en la jungla, analizando cuanta hambre tendrá el tigre que tengo delante, si habrá comido, cuanta cantidad, etc. No estaría vivo nadie hoy en día...

Cabe destacar que este modelo ha sido refutado por varios científicos, pero a nivel divulgativo, no científico, considero que es útil para ilustrar el funcionamiento del propio cerebro desde el punto de vista de la toma de decisiones.

Ahora, ya conoces los 3 cerebros con los que trabajamos a nivel de Neuromarketing y parte de la teoría del modelo triuno. Vamos al siguiente nivel:

En el año 2003, un prestigioso catedrático de la Universidad de Harvard, hoy profesor emérito, llamado Gerald Zaltman, afirmó que El 95% de nuestras decisiones de compra se producen en la mente subconsciente. Que esto a priori, ya me dejó impactado. Pero voy más allá. Si ya sabemos esto, la siguiente pregunta que te estarás haciendo es: ¿Dónde se aloja el subconsciente, para comunicarnos con él como marcas, no? Pues como ya te podrás imaginar, se aloja en el sistema reptiliano. Sí... Te dejo unos segundos para que lo asimiles. El 95% de las decisiones de compra las toma, o al menos las inicia un «señor» que no habla, que es impulsivo, inconsciente, egoísta y nuestro cerebro más primitivo, básico y si me lo permites, bruto.

QR 4: Modelo Triuno del cerebro + mi teoría de producto, marca y experiencia (16 mins.)

¿CÓMO PROCESA TU CEREBRO ENTONCES UN MENSAJE DE MARKETING O VENTAS?

El primero en reaccionar ante un estímulo, como ya podrás imaginar es el cerebro reptiliano, y este en milésimas de segundo va a mantener dos conversaciones, una con el sistema límbico y la otra con el neocórtex, de ahí el nombre de modelo triuno. Y, dependiendo quien gane esa conversación, compraréis o no compraréis dicho producto. Esto se explica con la balanza de valor percibido.

Esta teoría, en la que han colaborado numerosos autores como Kotler, Zeithaml, Newman o Gross cada uno con su enfoque, viene a explicar cómo son esas conversaciones que se producen en el cerebro ante una decisión. En un lado de la balanza, tendremos el Valor percibido, propiamente dicho. Muy simplificado: qué valor tiene para mí este producto/servicio y el valor de esta decisión de compra para mí. Pero ojo, que ese valor, solo tiene valor, valga la redundancia para mí, porque dependerá de mis VALS, experiencias pasadas, valores, educación recibida, creencias, miedos, aspiraciones… Para otra persona, serán otros valores, ya que le moverán e importarán otros VALS a la hora de tomar una decisión de compra. Dicho esto, mi estimado lector, ¿Qué parte del cerebro se encarga de la gestión de las creencias, valores (VALS)? Efectivamente, el sistema límbico. Aquí es importante discernir entre valor añadido y valor percibido. El valor añadido no tiene ningún sentido, y mira que lo he escuchado durante años a marketeros. El valor que tú crees que añades al mercado no tiene importancia, lo importante es el valor percibido, que es el que percibe tu audiencia.

Razón Vs. Corazón. Elaboración propia

En el otro lado de la balanza, como si fuese un cuadrilátero, encontramos lo que llamamos la *aversión a la perdida*. Este concepto fue propuesto por D. Kahneman y A. Tversky, que se puede resumir en la tendencia humana a sentir más intensamente el dolor de una perdida (por lo general económica) que la satisfacción de una ganancia equivalente. Es decir, que las personas suelen estar más motivadas para evitar una pérdida que a obtener una ganancia del mismo tamaño.

Como ya podrás imaginar, la aversión a la pérdida económica, la gestiona el único cerebro que calcula y puede extrapolar números a futuro: el neocórtex. Así que se trata de un combate entre el sistema límbico y el neocórtex.

Dicho lo cual, si es el sistema límbico es el que gana el combate, comprarás. Si no, postergarás la decisión de compra, o directamente, no comprarás.

Como podrás imaginar, el hecho de que sea un combate de boxeo hace inevitablemente, que siempre haya un «vencedor» y «un vencido». En este caso, el derrotado siempre es el consumidor; me explico: Al ser una conversación entre 3 cerebros en la que solo puede haber un ganador, siempre sentiremos que no hemos tomado la mejor decisión, o que podríamos haber elegido mejor, o que no era el momento de comprar, o que deberíamos de haber comprado... te lo explico en el siguiente vídeo:

QR 5: La Balanza del valor percibido (6 mins.)

Capítulo 4

El viaje del consumidor en el cerebro

ATENCIÓN, MEMORIA Y EMOCIÓN. ATENCIÓN FRAGMENTADA

Fases mentales del proceso de compra: desde que vemos un producto hasta que lo compramos (o lo rechazamos), el cerebro sigue un proceso que puede representarse en 5 etapas mentales:

1. Atención – El primer filtro: si no capta atención en 5 segundos, se pierde.
2. Emoción – Si hay impacto emocional, el cerebro sigue procesando.
3. Memoria – ¿Lo he visto antes? ¿Me gusta? El hipocampo busca referencias.
4. Deseo – Activación de zonas de recompensa: «lo quiero».
5. Decisión – Sistema 2 entra para justificar con lógica lo que el Sistema 1 ya decidió.

El sistema 1 y sistema 2 de toma de decisiones, según D. Kanheman (Premio Nobel de Economía) describe cómo funciona el cerebro cuando pensamos, decidimos o juzgamos.

Vivimos en la economía y la industria de la atención. La atención se ha vuelto la parte más cara del marketing. Aunque luego te lo explicaré en un vídeo te doy algunos detalles importantes para entender lo anteriormente mencionado:

- **Sistema 1:** Inconsciente, rápido, automático, emocional y basado en experiencias previas (Reptiliano y Límbico)
- **Sistema 2:** Lento, deliberado, analítico, consciente, necesita de esfuerzos grandes, reflexivo y lógico (reptiliano y Neocórtex).

Tip 5. «La atención se ha convertido en la moneda de oro del marketing del siglo XXI».

Aquellas marcas que consigan la atención del consumidor partirán desde la casilla 2 de salida. En un mundo tan hiper estimulado, la atención es la clave y el inicio de cualquier proceso de compra. Los anunciantes se han atomizado y las audiencias se han fragmentado. Con esto quiero decir, que cuando yo comencé en el mundo de la publicidad, apenas existían 3 o 4 canales de Tv. Si yo como marca quería «fusilar» al consumidor con mi producto en prime time, lo tenía fácil, no tenía escapatoria, no había demasiadas alternativas. En el año 2000 solo existían TVe1, La 2, Antena 3 Tele 5 (Canal + era de acceso codificado de pago). En aquella época, que Tve1 tuviese una media mensual de audiencia del 25% era algo común, hoy en día, rozar el 10,5% ya es un logro. Hoy en día, tenemos cientos de canales abiertos y una oferta cultural y de ocio en plataformas sin igual. Esto nos lleva al siguiente punto: **el síndrome Windows.**

¿QUÉ ES EL SÍNDROME WINDOWS?

El síndrome Windows (o síndrome de ventanas abiertas) es aquel fenómeno, en el que tú, mi estimado lector seguro que no te verás reflejado (ni yo tampoco) pero «hay gente que sí». El síndrome Windows es una costumbre que han adaptado algunos seres humanos a estar prestando atención a distintas ventanas y pestañas al mismo tiempo. Es decir, en el año 2000 ver una película, significaba ver una película con el 100% de atención en dicha actividad. Hoy en día, ver una película puede equivaler a estar en el sofá viendo la pantalla del televisor en cualquier plataforma, al tiempo que chateamos en WhatsApp, divagamos por TikTok, Instagram y distintos estados de WhatsApp mientras tenemos en nuestras piernas un ordenador portátil con 35 ventanas abiertas: correo, Linkedin, Chat Gpt, el correo del trabajo, el calendario, Youtube, Alexa de fondo, Netflix, etc.

Por ende, tenemos la atención dividida, y el reto de las marcas, es navegar entre esos pequeños fragmentos de atención tan competidos para captar la atención y enamorar en 5 segundos… El reto es de una envergadura colosal.

Estamos ante una generación de consumidores que son multitarea. Que no significa hacer muchas cosas al mismo tiempo, la realidad es que significa hacer muchas cosas mal al mismo tiempo. Adicionalmente, podemos sumarle el hecho de que una ciudad de tamaño medio, tu cerebro recibe una media de entre 2500 y 3500 impactos publicitarios diarios. Estamos totalmente saturados de información. El cerebro, hace una labor de autolimpieza, y dado que su capacidad de almacenamiento no es infinita, procede a eliminar en primer lugar todo aquello que pasa desapercibido y en segundo lugar todo aquello que no me genere un especial interés, para así ocupar el espacio del «disco duro» con elementos interesantes o necesarios para sí mismo.

Tip 6. El cerebro solo presta atención a aquello que es diferente. Si eres uno más, serás uno menos.

Fruto de este sexto tip, la pregunta inevitable que te deberías hacer es:

¿Qué estoy haciendo yo y mi marca para captar esos 5 segundos del consumidor y ser diferentes a la oferta existente en el mercado?

Fruto de esta reflexión, vamos a llevar un proceso que llamamos de clarificación estratégica. Te preguntarás que tiene que ver la estrategia empresarial con el Neuromarketing... Mi respuesta es que absolutamente todo. Neuromarketing es estrategia. Tengo que saber qué tengo dentro de mi empresa y en qué puedo ser diferente, *«anicharme»,* estudiar a qué emociones quiero vincularme, y a partir de ahí diseñar una estrategia acorde y ya llevarla al terreno del marketing de manera transversal, y, por último, y repito, por último, a la comunicación. Será clave buscar principales factores de diferenciación, para no ser uno más, y recuerda que ya lo vimos al inicio de este libro, si no me ofreces nada nuevo, te voy a comparar, y a similares características, compraré el más barato. Es importante que en el nicho que selecciones en el mercado, tú evidentemente tengas una ventaja competitiva sostenible en el tiempo. Siempre digo en clase a modo de broma, pero que es una verdad como un puño, y nunca mejor dicho (ahora entenderás el porqué) que jamás se me ocurriría boxear con Mike Tyson, porque me puedo imaginar el resultado, sin embargo, sí que jugaría al tenis con él. Es decir, no entres en una categoría de nicho que ya haya un líder a competir directamente con él, de tú a tú. Tienes todas las de perder. Crea un nicho en el que seas el primero, el mejor, el más alto o el más guapo…se entiende, ¿No? En este caso yo he sido profesor de tenis toda mi vida, no soy profesional, pero me defendería bastante bien ante este campeón de boxeo.

Te voy a compartir una herramienta, que ha cambiado mi manera de concebir la estrategia y el marketing. La conocí hace 10 años y la aplico constantemente en todo lo que hago. Como te comento, me rompió esquemas y es una herramienta que puede parecer sencilla, pero es extremadamente compleja de aplicar, y nosotros la aplicamos en procesos de consultoría a nivel de comité de dirección, y necesitamos alrededor de 3-4 días para que la herramienta cale en la cultura corporativa de la empresa y haga su trabajo. Si la primera vez que la lees, no la comprendes del todo, no te preocupes, es normal. Trata de leerla un par de veces más y analizarla porque es muy potente. Y, por el contrario, si a la primera crees que la has entendido, te aseguro que un par de días, cuando realmente la entiendas profundamente, pensarás: «Ahhhh, esto es lo que decía Pablo, ahora sí que la entendí». Ya te digo que nosotros necesitamos 3-4 días para aplicarla en cada empresa, así que no te tortures si la primera vez que la leas si te pierdes un poco. De todos modos, quédate tranquilo, que, al terminar esta explicación, te voy a dejar un vídeo explicándotelo todo de la forma más clara posible.

Se trata del círculo de Oro del autor Simon Sinek. Simon Sinek (2009) plantea que las organizaciones verdaderamente inspiradoras comunican y actúan empezando por el «por qué». Este enfoque, conocido como el **Círculo de Oro**, se compone de tres niveles: **por qué**, **cómo** y **qué**. El «**por qué**» no se refiere a ganar dinero, sino a la razón profunda que da sentido a lo que haces: tu propósito, causa o creencia. Obviamente, la empresa debe ser rentable, eso no es discutible, pero es un por qué más profundo. El «**cómo**» representa la manera en que llevas a cabo ese propósito: tu propuesta de valor, tu forma diferencial de hacer las cosas. Por último, el «**qué**» es el producto o servicio que vendes, lo que la mayoría de las empresas comunica primero. La clave, según Sinek, es invertir el orden tradicional: empezar por el propósito, conectar emocionalmente con las personas y, desde ahí, construir el mensaje hacia fuera. Las marcas que comunican desde dentro hacia afuera generan confianza y lealtad más allá de lo racional (Sinek, 2009).

Te dejo un QR con un enlace al vídeo en el que te lo explico con todo el nivel de detalle.

QR 6: El Círculo de oro (8 mins.)

Ahora te voy a pedir, que vuelvas por un momento a tu infancia. ¿Recuerdas cuando eras pequeño, esos papeles que eran transparentes que servían para calcar un dibujo, lo colocabas encima y tratabas de seguir los trazos? Efectivamente, se trata de papel de calco o papel carbón. Vamos a juagar al papel de calco. Sobre herramientas que ya hemos visto, vamos a ir poniendo encima con nuestro papel de calco imaginario, otras herramientas y vas a ver que todo cobra sentido.

QR 7: El círculo de Oro de Simon sinek, Producto – Marca – Experiencia , sistema de decisiones y modelo Triuno del cerebro (6 mins.)

La primera capa imaginaria que queda abajo del todo, sería el círculo de oro que acabamos de mencionar, encima le colocaríamos las 3 etapas de producto, marca y experiencia, encima el modelo del cerebro triuno P. McLean, P. D. (1990). The triune brain in evolution: Role in paleocerebral functions. Springer. Y, verás cómo ocurre la magia. Entiendo que es difícil de imaginártelo, y muy complejo de explicar mediante la lectura, así que te invito a ver este vídeo en el que te resumo todo y te hago los calcos por ti.

Capítulo 5

Procesos químicos cerebrales y su influencia en los procesos de decisión de compra. Busca el cocktail emocional adecuado en tus procesos de toma de decisión

El cerebro no solo piensa, siente y reacciona químicamente. Cada emoción, estímulo o decisión viene acompañado de una serie de neurotransmisores y hormonas que moldean nuestro comportamiento, especialmente en contextos de consumo. Comprender estos mecanismos permite a las marcas y profesionales del marketing activar emociones específicas que influyen en las decisiones del consumidor.

1. DOPAMINA: EL NEUROTRANSMISOR DEL DESEO Y LA RECOMPENSA

- **Qué hace:** La dopamina está asociada al placer anticipado, la motivación y la recompensa.
- **Cómo actúa en la compra:** No se activa cuando compramos, sino cuando deseamos o anticipamos un beneficio.

Ver un producto atractivo, imaginar cómo lo usaremos o recibir una oferta limitada, dispara dopamina.

- **Aplicación en marketing:**
  - Ofertas por tiempo limitado — activan urgencia.
  - Imágenes aspiracionales — generan deseo.
  - *«Unboxing»* o descubrimiento progresivo — mantiene el circuito dopaminérgico activo.

Ejemplo: Una campaña prelanzamiento de un producto o de un nuevo modelo de una marca conocida, genera altos niveles de dopamina, al construir una expectativa constante antes del lanzamiento.

2. CORTISOL: LA HORMONA DEL ESTRÉS

- **Qué hace:** El cortisol se libera en situaciones de estrés, ansiedad o peligro.
- **Cómo actúa en la compra:** Altos niveles de cortisol generan desconfianza, inhiben el pensamiento positivo y pueden bloquear decisiones.
- **Aplicación en marketing:**
  - Malas experiencias de usuario, webs lentas o información poco clara generan micro estrés.
  - Publicidad excesivamente agresiva o alarmante puede aumentar el cortisol y frenar la decisión.
  - En contraste, marcas que generan calma y confianza (colores suaves, mensajes positivos) reducen el cortisol y mejoran la predisposición a comprar.

Ejemplo: Empresas que simplifican al máximo el proceso de compra para reducir fricción y evitar estrés cognitivo en el usuario.

3. OXITOCINA: LA HORMONA DE LA CONFIANZA Y EL VÍNCULO

- **Qué hace:** Se libera en interacciones sociales positivas. Genera confianza, empatía y conexión emocional.
- **Cómo actúa en la compra:** Cuando una marca genera cercanía, valores compartidos o empatía, activa la oxitocina. Esto fomenta la fidelidad y el boca a boca.
- **Aplicación en marketing:**
  - Storytelling humano y emotivo.
  - Experiencias personalizadas.
  - Atención al cliente cercana y empática.

  Ejemplo: Campañas sociales que apelan a la familia, la identidad y la autenticidad, favoreciendo vínculos profundos con la marca.

4. SEROTONINA: EQUILIBRIO Y BIENESTAR

- **Qué hace:** Regula el estado de ánimo, la estabilidad emocional y la toma de decisiones racional.
- **Cómo actúa en la compra:** Niveles adecuados de serotonina generan sensación de control, confianza y bienestar, favoreciendo decisiones más seguras.
- **Aplicación en marketing:**
  - Ambientes ordenados y estéticamente agradables.
  - Experiencias de usuario positivas, sin sobresaltos.
  - Comunicación clara y coherente.

  Ejemplo: Marcas minimalistas que utilizan diseño limpio para favorecer sensación de orden y confianza.

5. ENDORFINAS: LA SENSACIÓN DE FELICIDAD

- **Qué hacen:** Generan una respuesta placentera. Actúan como analgésicos naturales.
- **Cómo actúan en la compra:** Se liberan al reír, al disfrutar algo, al tener una experiencia memorable. Asociar una marca a placer genera preferencia.
- **Aplicación en marketing:**
  - Humor y entretenimiento.
  - Promociones divertidas o experiencias lúdicas.
  - Regalos inesperados o «detalles» en la experiencia del cliente.

  Ejemplo: Marcas que lanzan campañas que apelan al humor absurdo para provocar emociones positivas y liberar endorfinas.

`Conclusión:` química + emoción = decisión.

Las decisiones de compra no solo dependen de precios o características, sino de un cóctel químico interno que el marketing puede activar estratégicamente. Las marcas que saben generar dopamina, reducir cortisol y activar oxitocina no solo venden más, sino que crean vínculos emocionales y duraderos con sus clientes.

- **Dopamina**: Asociada con la recompensa, motivación y toma de decisiones rápidas; clave para captar atención y generar deseo.

- **Cortisol**: Se libera en situaciones de estrés; puede generar urgencia, pero, en exceso, produce rechazo.
- **Oxitocina**: Relacionada con la confianza y la conexión emocional; importante en marketing de marca y fidelización.
- **Serotonina**: Influye en el estado de ánimo y la sensación de bienestar; su activación está ligada a la percepción positiva del entorno o marca.
- **Endorfinas**: Asociadas con el placer y la euforia; útiles en campañas que apelan al humor o al entretenimiento.

El rol de la dopamina, oxitocina… Cuando el cerebro anticipa una recompensa (no cuando la recibe), libera **dopamina**, el neurotransmisor del deseo. Esto impulsa el comportamiento de búsqueda, exploración y compra. Por eso, muchas campañas se centran más en generar **expectativa** que en mostrar beneficios finales.

Aquí tienes un gráfico que muestra los efectos emocionales y cognitivos de varios neurotransmisores clave en el marketing:

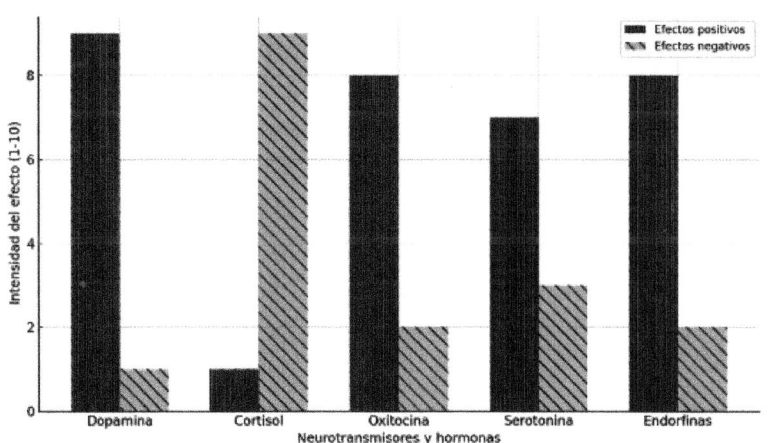

Figura: Efectos emocionales y cognitivos de los Neurotransmisores en el marketing. Elaboración propia

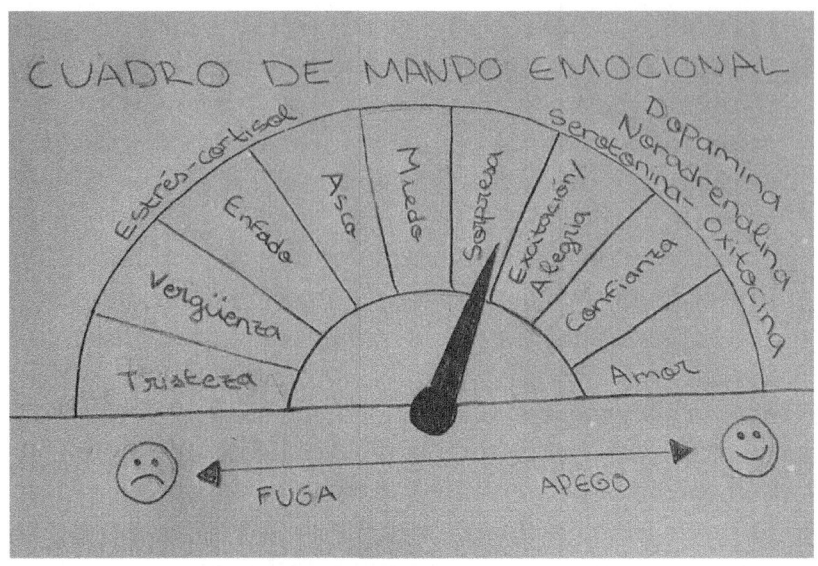

Figura «Cuadro de mando emocional». Elaboración propia. Autora: Paola Ferreirós

Hay muchas formas de clasificar las emociones, me gusta mucho personalmente *Bisquerra, R. (2015). Libro Universo de Emociones. PalauGea Comunicación S.L.* que te recomiendo si quieres hacer un estudio más profundo.

Esta versión que te añado yo, representada por mi hija, es una versión mucho más simplificada y sencilla, que para su aplicación al mundo del neuromarketing me parece muy ajustada.

Capítulo 6

Herramientas y tecnologías de neuromarketing (Biometrías)

En este capítulo te voy a contar qué son y cómo las utilizamos. En el capítulo 9, te enseñaré ejemplos reales de uso con las mismas. Te voy a resumir las principales tecnologías de medición de respuesta fisiológica, que, de ahora en adelante, nos referiremos a ellas, como biometrías, que es el término que solemos utilizar.

Es importante, recalcar, que, bajo mi humilde punto de vista, y creo que no va a ser nuevo para ti, las tecnologías no son un fin en sí mismo. Me explico, en la actualidad, combino el mundo de la formación y la consultoría, con la Universidad. Me apasiona la formación, la docencia y la academia desde el punto de vista científico. En la actualidad, esta labor la desarrollo como docente e investigador en la Universidad Politécnica de Valencia, en la que soy responsable de alumnado de varios másteres de marketing. Entre ellos, el máster de neuromarketing aplicado. Te cuento esto porque cada año se gradúan muchos alumnos de este máster y quedan totalmente enamorados de esta disciplina, lo cual no me extraña. Pero, los más emprendedores, siempre acaban el máster con la misma inquietud, ¿Dónde compro la tecnología?, ¿Qué tecnología compro para montar un laboratorio?, ¿Cuánto es lo mínimo que necesito invertir para poder medir emociones y experiencias y aplicarlo en consultoría? Mi respuesta es siempre la misma: No te aventures en esa travesía, al menos todavía. No es por ser el abogado del diablo, pero el final de esa película, ya lo he visto varias veces... Por la motivación inicial, invierten una suma no pequeña en comprar equipos, sin tener clientes... Grave error; al tiempo, la desmotivación hace su trabajo, y esos equipos quedan en un armario por falta de uso. Te hablo super claro, y con la experiencia de haber trabajado en dos laboratorios de neuromarketing durante 10 años, créeme que no soy una persona negativa, pero mi forma de pensar es muy clara en ese sentido —te lo cuento al final de este capítulo, acuérdate de esto para más adelante—.

Antes de entrar «al turrón» como decimos en Alicante, para referirnos al kit de la cuestión, me gustaría compartir contigo una reflexión, que te va a sonar de la intro de este libro. Las biometrías, son como yo las llamo cariñosamente «*los fuegos artificiales*» del neuromarketing. Porque es lo que todo el mundo entiende rápido al verlas y se quedan enamorados. Es lo que brilla de esta disciplina, pero creo que lo más asombroso es entender el proceso y saber qué propuestas hacerle al cliente con la información que has obtenido, de ahí la fusión de la neurociencia con el marketing. Aquí de nuevo, es donde ocurre la magia. Lo que realmente me enamoró de todo este mundo, es que, por primera vez en la historia, podíamos ponerle un nombre a la emoción que sentían los usuarios ante un estímulo de marketing y una intensidad esa emoción. Ya no teníamos que basarnos como marketeros en grases del tipo:

- «Si, me ha gustado la campaña».
- «Está chula».

Esas expresiones son difíciles de trasladar a objetivos empresariales. Por primera vez en la historia podemos saber que cuando Pepe ha visto nuestro anuncio, ha sentido un 75% de relajación y un 23% de estrés, sin embargo María, ha experimentado un 45% de relajación y un 54% de estrés. Aquí, mi estimado lector, es cuando podemos extrapolar datos, y comparar. Y, si el target está bien seleccionado podemos realmente sacar insights tremendamente interesantes para nosotros, pero sobre todo para la marca. No me enrollo más, al turrón.

BIOMETRÍAS DE NEUROMARKETING

Las biometrías de neuromarketing son técnicas que miden las respuestas fisiológicas y neuronales del cuerpo humano frente a estímulos de marketing (anuncios, logos, marcas, webs, experiencias en tienda física…). Su objetivo principal es entender qué siente el usuario, cómo reacciona y en qué se fija realmente al enfrentarse a un determinado estímulo.

A continuación, te voy a detallar, las biometrías principales con las que yo he trabajado personalmente en los últimos 10 años, en más de 100 proyectos, no quiere decir que sean las únicas, ni que sean las mejores, pero te hablo en primera persona de mi experiencia. Después de la explicación de estas biometrías, te comentaré otras existentes, pero, como espectador, dado que no he tenido la ocasión de probarlas.

1. Eye-tracking o seguimiento ocular

Empecemos por la más sencilla, el **Eye-Tracking** (o seguimiento ocular). Me refiero a ella como la más sencilla, puesto que solo mediremos el seguimiento ocular, no registra emociones.

Para qué la utilizamos, principalmente para dos funciones:

- Mide donde mira el usuario, cuanto tiempo y en qué orden.
- Nos servirá para saber qué partes del estímulo (imagen, vídeo, web...) llaman más la atención y para modificar dicho estímulo en función de nuestros objetivos.

El software nos permite crear entre otras muchas cosas, AOIs (áreas de interés). Te pongo un ejemplo, si en tu web tienes un botón de compra, podrás dibujar con el software un recuadro bordeando dicho botón, y eso el software entenderá que es el área de interés 1, por ejemplo. Y así, podremos marcar tantas áreas como necesitemos: logo, precio, imagen, etc. Una vez que tenemos las AOIs creadas, el software, nos dirá de todos los usuarios que hemos medido:

- Cuántos han visitado ese AOI.
- Cuánto tiempo.
- Cuántas veces (lo que llamamos revisitas).
- Qué porcentaje del total de la navegación ha sido visitado.
- En qué orden ha visitado las diferentes AOIs.

Esta tecnología, es extremadamente precisa. Milimétrica de hecho. Esta tecnología viene importada del mundo militar y aeronáutico. La utilizaban en los años 50 y 60 para entrenar a los pilotos de los aviones de combate y de líneas comerciales, para evaluar su atención visual, detectar fallos humanos y diseñar los interiores de las cabinas de los aviones de forma más segura.

¿Cómo funciona el Eye-Tracking?

No quiero ser técnico, así que te lo voy a explicar, como se lo explico a alguien que no es de la disciplina y me pregunta por la temática. Como te dije en la intro de este libro, el objetivo de esta obra es divulgar, no pretende sentar bases científicas.

Esta tecnología funciona mediante luz infrarroja (no visible). El dispositivo en cuestión, emite dicha luz infrarroja hacia los ojos del usuario, y esta luz se refleja en la córnea y en la retina del ojo. El sensor capta ese refleja en la córnea y pupila en tiempo real, y, a partir de ello, calcula mediante triangulación, el punto exacto de la mirada ya sea ante una pantalla o un entorno físico.

Una vez realizado el proceso, el software interpreta los datos y genera los famosos Heatmaps (mapas de calor) en los que se nos muestran las zonas más visualizadas en color rojo, y las menos visualizadas en azul o verde. Donde no haya mancha, significará que el usuario no lo habrá visualizado. Otra forma de generar mapas, son los mapas de opacidad, que nos muestra la misma información que el Heatmap, pero en lugar de con colores de cálidos a fríos, nos lo muestra como si la imagen estuviese en negro, y se ilumina aquellas zonas visualizadas. Para que se vea visualmente, es como si tuvieses una imagen totalmente en negro y alumbrases con una linterna.

Una vez que ya tenemos los mapas de calor, procedemos a analizar las trayectorias de miradas (Scanpaths). Aquí se nos muestra el orden y fijación de cada fijación ocular.

Y, por último, las ya mencionadas AOIs.

A nivel técnico, lo que se mide es:

- Fijación: Puntos donde se detiene la mirada.

- Duración de la fijación: Cuanto tiempo se mira un AOI.
- Sacadas: Saltos de un punto de atención a otro.
- Tiempo hasta la primera fijación (TFF): Qué se ve primer, a nivel jerárquico.
- Atención sostenida: Interés real, no solo una pasada con la mirada.

Ahora, ya sabes cómo funciona el Eye-Tracking, ahora te voy a contar qué tipos de eye-Trackers usamos. Principalmente 3.

2. Eye-Tracking fijo o en barra

Se trata de una barra que se coloca debajo de una pantalla, y el usuario no debe de llevar ni gafas ni ningún dispositivo. Solo tendrá que estar a la distancia adecuada según el software de la pantalla y por ende de la barra. El propio software nos indicará la posición exacta para una correcta medición, que suele estar alrededor de 0,5 metros desde los ojos hasta la barra de Eye-Tracking.

Usaremos esta tipología para medir estímulos en pantalla, por ejemplo, un flyer, una creatividad, un speech de venta, un vídeo, un diseño digital de un render, un videojuego, una campaña en redes o cualquier elemento que podamos colocar en una pantalla.

3. Eye-tracking en gafa

Se trata de la misma tecnología, el mismo funcionamiento, pero esta vez, como el estímulo no va a estar en una pantalla, necesitamos unas gafas que se colocará el usuario, que estarán conectadas al software, y las usaremos para medir estímulos en entornos físicos.

Te cuento un par de ejemplos. Una tipología de proyecto que nos han solicitado mucho es la medición de eye-tracking en una tienda física. O, por ejemplo, en un restaurante con estrella Michelín. El objetivo es estudiar si los elementos de la tienda o del restaurante están colocados correctamente, donde están los puntos de atención y ver si podemos realizar cambios para ayudar al usuario en su navegación visual, y que preste atención a aquellos elementos que serán importantes para el negocio.

4. Eye-Tracking en webcam con software

Esta fue una de las grandes revoluciones, y de los grandes retos que nos han traído de cabeza en el laboratorio. Te cuento un poco más al detalle… Cuando obtuvimos en el laboratorio un volumen notable de proyectos, nos encontramos con uno de los retos más grandes que tiene según mi punto de vista, esta disciplina: La escalabilidad de los proyectos. Te preguntarás de qué estoy hablando, pero lo vas a entender en seguida. A medida que fuimos creciendo en proyectos, nos dimos cuenta de que el número de proyectos que podíamos abarcar en paralelo era muy reducido. Te cuento, una vez que comienzas un proyecto, por ejemplo, medir una tienda de venta de calzado. Necesitas (me lo invento) 25 usuarios de un target determinado. Pactas el briefing, ok de cliente, y te pones a buscar 25 usuarios para medirlos. No es sencillo, te lo aseguro. Te puede parecer poco, pero cuando te pones a buscar 2 mujeres, de 20 a 24 años, que les guste la moda, que usen una marca concreta, que compren en tienda física, que sean usuarias previas de la marca, etc. y además, que quieran participar, y además, que tengan tiempo… te aseguro que el círculo se cierra. De ahí que contemos muchas veces con agencias de investigación de mercados, que ya tienen sus bases de datos categorizadas, y esa labor la manejan a la perfección. Digamos que has encontrado a esas 25 usuarias. Ahora tienes que acordar la marca cuando se puede medir, obvio, no vas a medir cuando la tienda esté a tope. Tampoco fuera de horario, tienen que ser condiciones «normales» de compra. Ahora tienes que cuadrar horarios con dichas usuarias, coordina con sus trabajos, familias, hobbies... no es fácil créeme.

Perfecto, ya has agendado, 7 usuarias al día, vas a necesitar 3 días de medición, tienes todo el OK de la marca, vamos allá. Carga equipos, mueve equipo humano y todo listo. Tienes que calibrar equipos, y estimar, ponle de media unos 30 minutos que puede pasar una persona en la tienda. Añade retrasos por tráfico, porque ha salido tarde del trabajo, porque no encontraba el sitio, porque no podía aparcar... La cosa se complica. Añádele, que somos humanos. Se pone tu hijo enfermo o simplemente se te olvida la cita y no acudes. Ahora tenemos que volver a agendar, y un sinfín de posibles obstáculos que te puedes encontrar. Pero espera, no acaba aquí, ahora imagina, que todo el mundo llega perfecto en hora, todo funciona perfecto, genial, ahora toca volver al laboratorio y extraer toda esa información, interpretarla, darle sentido, y traducirlo al lenguaje marketero, no científico, para el cliente, y hacer tus propuestas finales. Ahora imagina, ¿Cuántos proyectos vas a poder hacer al mismo tiempo teniendo en cuenta todo esto? Es decir, imagina que tienes las biometrías reservadas toda la semana para esa marca de calzado, y te llama un centro comercial para medir. Necesitarías el doble de equipos de manera simultánea, y el doble de equipo. Humano. Pero espera, que ahora te llama una Ecommerce que vende patinetes eléctricos que quiere medir la efectividad de su carrito de compra, ahora necesitas 3 veces más de equipos, equipo humano... y así N veces. Lo cual hace que la escalabilidad sea muy reducida, ósea demasiado costosa o aparatosa. Por no decir, que hay proyectos, que puedes necesitar fácilmente de 3 a 6 meses para analizar los millones de datos que te vuelca el software. Por tanto, es importante que determines tu techo, o como decimos en el mundo de empresa, tu cuello de botella, que será el número de máximo de proyectos que puedes abarcar en paralelo sin que suponga un problema en la ejecución.

Aquí, es donde entra en juego, esta tercera modalidad de eye-tracking. Después de encontrarnos durante años con esta problemática de la escalabilidad, hace 5 años, decidimos, comenzar a desarrollar nuestro propio software de medición de eye-tracking a través de cámara web. Tuvimos la suerte de entrar con una start Up en el año 2022 en el proyecto de Lanzadera, que, si no lo conoces, se trata de una aceleradora e incubadora de empresas muy reconocida en Valencia, fundada por Juan Roig, Presidente de Mercadona, cuyo fin es apoyar a las empresas españolas para desarrollar ideas de negocio aportando tanto mentoría como formación empresarial. Fue una experiencia increíble. Y nos pusimos manos a la obra.

Necesitábamos crear un software, que pudiese medir el seguimiento ocular a través de la cámara del usuario. Con esto, nos quitábamos de un plumazo, todos los problemas de escalabilidad. ¡Guau! Es decir, en lugar de tener que ir a una tienda a medir usuarios, o tener que traer 25 usuarios a nuestro laboratorio con todo lo que ya hemos comentado, podríamos preparar la medición en un software, y simplemente mandando una URL web, a bases de datos que entrasen y navegasen en este estímulo, y así les mediríamos a través de su cámara. Imagina lo que te estoy contando. Yo no me lo podía creer. Voy a poder medir, a gente que está a distancia, en cualquier parte del mundo, a bajo coste, y en segundos. Es decir, mandando el link a bases de datos que participan en este tipo de procesos, podía obtener en una hora 100 los resultados de 100 personas. Es más, cuando hemos tenido proyectos en Europa o Hispanoamérica, hemos tenido que ir físicamente con la tecnología y pasar 2-3 semanas allí midiendo. Ahora puedo hacerlo sin moverme de mi casa... y el usuario solo necesita seguir las instrucciones que le marcamos y tener una cámara web... Increíble. Es más, si por ejemplo, el target de la marca es público de la ciudad de Medellín, en Colombia, puedo seleccionar desde España que solo contesten es parte de la población. Así que nos pusimos a ello, y en 2024 lanzamos *Aventus*, nuestro propio software de medición de emociones a distancia.

El funcionamiento es prácticamente el mismo, pero necesita la ayuda de inteligencia artificial, puesto que no podemos usar luz de infrarrojos. Si bien es cierto que es menos preciso que las gafas o la barra, es muy útil para estudios masivos. En este caso sacrificamos precisión, por escalabilidad, rapidez y bajo coste. No es ni mejor ni peor, simplemente una opción más.

Ejemplo de Eye-Tracking realizado con equipo fijo sobre una pantalla, midiendo una web

Te voy a dar un tip, muy interesante, y que no requiere inversión respecto al Eye-Tracking. Una de las frases que más escucho en mis clases y conferencias, es: «Pablo, todo lo que nos has contado, está genial respecto a la tecnología, pero no todos disponemos de los medios, para utilizar dichas técnicas» Y, seamos honestos, es cierto. Pero aquí te va como te digo un tip, que no requiere de un solo euros, solo necesitas ponerte en la mente del consumidor y en cómo está diseñado nuestro cerebro. Fíjate en la siguiente imagen:

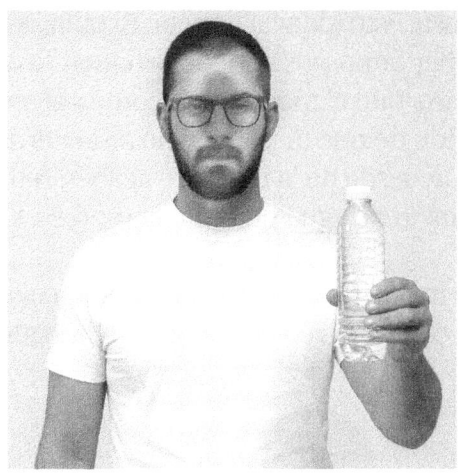

Siempre que utilices una persona o modelo para anunciar tu producto, tienes que tener claro, que gran parte de la atención se la va a llevar la persona, y especialmente la cara, y más específicamente los ojos del modelo. Como puedes ver en el heatmap de la imagen. ¿Por qué? Muy sencillo. Esto es lo que llamamos las neuronas espejo. Y esto viene de cuando vivíamos en la jungla hace miles de años. La única forma que teníamos de saber si la persona que teníamos delante o el peligro, fuese lo que fuese (un animal, por ejemplo) era la configuración de la cara. Era pura supervivencia guiada por nuestro amigo el cerebro reptiliano. Si tenía aspecto de peligroso, huíamos, si no, podíamos luchar. La teoría de lucha o fuga que ya hemos visto en este libro anteriormente. Por tanto, los ojos eran el indicador de peligrosidad y como recordarás, el que manda en situaciones de posible peligro es el reptiliano y va a tomar decisiones en milésimas de segundo.

Así que, si quieres que el usuario vea tu producto o tu logo, no es la mejor opción que el modelo mira a cámara a la hora de anunciar tu producto. Y te rizo más el rizo, si la persona que utilizas es famosa, esto todavía es peor. Si utilizas a un cantante o una actriz hiper famosa, se puede producir lo que llamamos el efecto vampiro, que el modelo se «come» al anuncio. Puede darse la situación de que tu público no se acuerde de tu anuncio, pero no se acuerde de la marca, y acaben refiriéndose a él, como este anuncio de agua que sale la modelo X. Graso error.

Pero, tranquilo mi estimado lector, te propongo soluciones, que como verás a coste son a coste 0. Fíjate en la siguiente imagen:

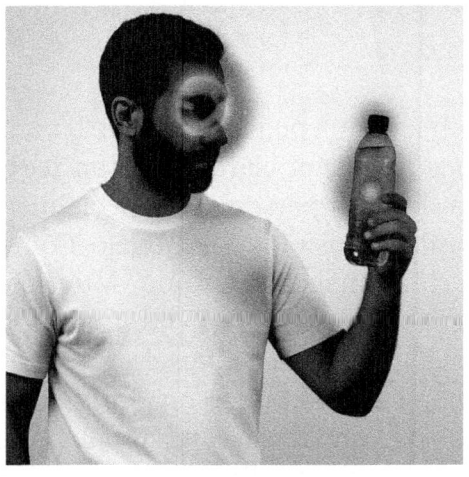

Como podrás ver en la imagen, la cara se lleva los primeros segundos de atención, pero al no producirse el efecto de neurona espejo, que es que la persona me devuelva la mirada, inmediatamente vamos a mirar dónde está mirando dicha persona para ver si existe peligro o no. Esta es una buena fórmula para evitar el efecto vampiro y que tu producto se vea, dado que, si eres el director de marketing de esta marca de agua embotellada, entiendo que es tu objetivo.

Te dejo otra alternativa:

Esta también es una muy buena alternativa para que tu producto o marca se vea correctamente. En el momento que extiendes un brazo por ejemplo, se crea una línea vectorial, que visualmente es muy atractiva para el usuario, y le va a costar no seguirla, y al final de esa línea, está nuestro producto: Bingo. La cara siempre se va a llevar esos primeros instantes de exposición, es normal porque buscaremos los ojos, pero esa línea que genera el brazo es muy potente y la seguiremos.

Como acabas de ver, te acabo de dar un par de tips a coste 0 para dirigir la mirada de tu audiencia hacia donde tu quieras para cumplir tus objetivos de exposición, recuerdo, reconocimiento de marca, etc. Solo tienes que entender cómo funciona tu cerebro y el de tus clientes para configurar piezas de marketing que funcionen. Y, lo más importante, el coste de hacer la imagen 1, 2 y 3, es el mismo, no tienes que invertir en nada, es pensar con la lupa del Neuromarketing. Si adicionalmente dispones de un pequeño presupuesto, para que una consultora te lo mida, fantástico. Eso ya es jugar en la Champions como decimos coloquialmente.

Ahora ya eres casi un experto en Eye-Tracking fijo, te enseño un ejemplo de Eye-Tracking en gafa. Esto fue un proyecto que realizamos en IFEMA (Institución Ferial de Madrid) para medir la efectividad de la presencia de un stand para una marca en una feria de un sector concreto. Como puedes ver en la imagen, el eye-tracker registra el recorrido visual de la persona mientras anda por la feria, al ser un espacio físico en movimiento ya no nos valdría la barra de seguimiento ocular, por tanto tenemos que utilizar las gafas como elemento portátil, peor el funcionamiento es el mismo.

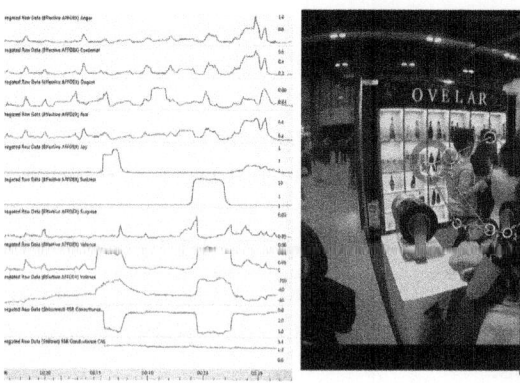

Otro tema importante a tener en cuenta respecto al Eye-Tracking, es la posibles diferencias cognitivas y neurológicas entre el cerebro del hombre y de la mujer a la hora de observar una imagen, por ejemplo. Basado en estudios evolutivos y neurocientíficos que han explorado cómo el cerebro masculino y femenino ha desarrollado diferentes especializaciones, todo ello con base científica y algunos matices.

Se dice que el hombre tiene visión túnel y la mujer visión periférica. Esto viene apoyado por varias teorías:

Origen evolutivo: La teoría de la caza y recolección. Los hombres tradicionalmente asumían el rol de cazadores, lo que requería la atención en un solo objetivo: la presa. Requiere por tanto de una visión concentrada y enfocada hacia el frente. De ahí que afirmemos que el hombre tiene visión túnel.

La mujer en cambio, se dedicaba más a la recolección, al cuidado del entorno inmediato, el cuidado del fuego, los hijos... lo que requiere una atención más amplia, periférica, y capaz de captar múltiples estímulos a su alrededor, de ahí que afirmemos que desde un punto de vista marketero, la mujer tenga visión periférica.

Origen neurológico: Las mujeres presentan más conexiones interhemisféricas, lo que les permite procesar varios tipos de información simultáneamente. Los hombres sin embargo, tienden a estar más especializados en tareas focalizada y visuales, de ahí que afirmemos que tiene buena conexión intrahemisférica.

Fruto de todo esto que te acabo de contar, es importante recalcar que si tu target es público masculino, has de tener en cuenta que dado que su atención es focalizada visualmente, si utilizas muchos elementos, su atención se dispersa, no es recomendable usar más de 2-3 estímulos clave, y la Call to action (llamada a la acción) debe ser muy clara.

La mujer, por su lado, puede asimilar y procesar más elementos de manera simultánea. Captan detalles periféricos y por tanto, son más receptivas a mensajes más ricos visualmente con detalles emocionales (colores, texturas, elementos narrativos...).

Es importante recalcar, que está científicamente comprobado, pero, existen matices. Estas diferencias son tendencias generales, no reglas absolutas. Además, no todos los hombres o mujeres tenemos el mismo perfil visual o cognitivo.

Fíjate en esta imagen, en la diferencia entre cómo observamos el hombre y la mujer desde un punto de vista de marketing:

Un dato curioso, que me pareció apasionante, es un uso de esta tecnología fuera del campo del Neuromarketing. Una de las aplicaciones de esta tecnología, es el uso de esta para controlar por ejemplo un ordenador con la mirada, como si tuviésemos un ratón en la mirada. Este uso se ha facilitado para personas sin brazos por ejemplo, que han podido controlar un ordenador o cualquier dispositivo a través de la mirada, me parece sencillamente espectacular.

RESPUESTA GALVÁNICA DE LA PIEL (GSR) O RESPUESTA ELECTRODÉRMICA

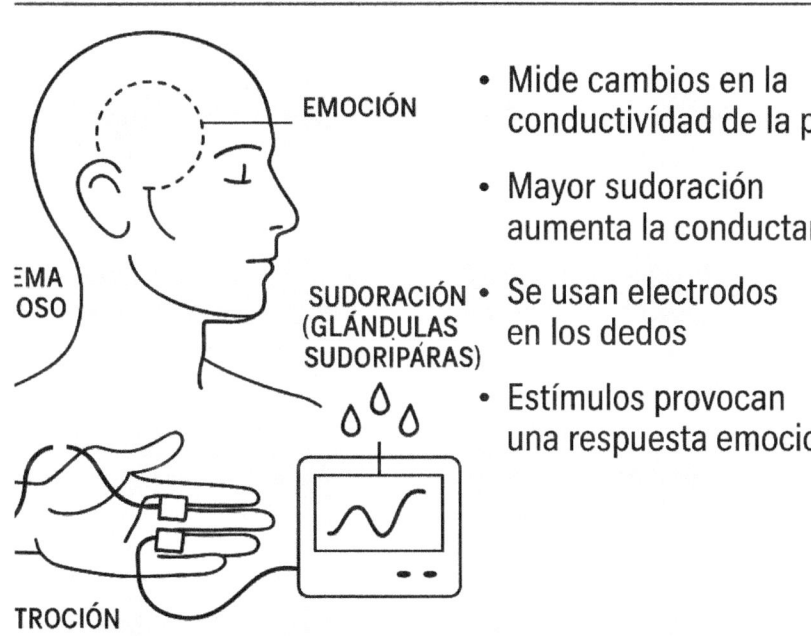

ESPUESTA GALVÁNICA DE LA PIE

EMOCIÓN

ͰMA
OSO

SUDORACIÓN
(GLÁNDULAS
SUDORIPÁRAS)

TROCIÓN

- Mide cambios en la conductivídad de la p
- Mayor sudoración aumenta la conductar
- Se usan electrodos en los dedos
- Estímulos provocan una respuesta emocic

La segunda biometría que vamos a analizar es la **GSR** , en castellano, La respuesta galvánica de la piel., también conocida como **EDA,** respuesta electrodérmica. Es una herramienta clave en Neuromarketing y mide la activación emocional.

Esta biometría no mide una emoción concreta, pero es muy interesante ya que la usamos a modo de detector o de alarma. Es decir, cuando ves que hay una activación en la GSR, ya sabemos que algo está sucediendo, y vamos a comprobar con otras biometrías que veremos a continuación, que si que nos indican cuál es esa emoción concreta. Es como una alarma que nos indica que hay una activación emocional.

La GSR mide los cambios en la conductividad eléctrica de la piel que se producen por la actividad de las glándulas sudoríparas (principalmente manos y pies). Se suele colocar en las manos, en dos dedos más específicamente. Esta actividad está controlada por el sistema nervioso simpático que se activa con emociones intensas, como la sorpresa, el estrés, la excitación, etc.

Se suelen colocar dos sensores sobre los dedos, que no dejan de ser electrodos, y estos detectan los cambios en la humedad a causa de la micro sudoración, aunque esta no sea visible. Cuanto más nos emocionemos, mayor será la conductancia eléctrica manifestada, esto significa que la piel deja pasar más electricidad.

No sabremos ni qué emoción es, ni si es positiva o negativa, solo que existe una excitación emocional. Por lo general si detectamos una alta GSR, suele significar que hay emociones como el miedo, la ira o la sorpresa. Sin embargo, si la GSR detectada es baja, puede indicar relajación, indiferencia o aburrimiento. Tenemos dos tipos de respuesta GSR: la tónica (nivel basal) y la fásica.

Es una técnica sencilla, y que nos sirve de guía, puesto que cuando se activa significa que algo está sucediendo, hay una activación emocional. Se recomienda no usarla como técnica principal, es más interesante cuando la combinamos con otras técnicas que si que nos van a indicar qué emoción y en qué intensidad.

Como dato anecdótico, la GSR ha sido uno de los componentes clásicos del polígrafo, más conocido como detector de mentiras. Se usaba con ese fin puesto que se entendía que la mentira genera estrés emocional, y este estrés aumenta la conductancia de la piel. Dicha actividad se mide en Microsiemens.

Concepto	Explicación
Origen de la GSR	Parte del polígrafo (detector de mentiras) usado por agencias como el FBI.
Evolución	De herramienta policial a métrica emocional en neuromarketing y experiencia de usuario.
Qué mide	Activación fisiológica ante estímulos. No distingue entre emociones positivas o negativas.
Unidad de medida	Microsiemens (μS). Cuanta más sudoración, mayor la conductancia y por tanto, mayor la activación emocional.

SENSORES DE RITMO CARDIACO O HR MONITORS

Cuando una persona se expone a un estímulo, su cuerpo reacciona mucho antes de que tenga tiempo de pensar o razonar. El corazón, silencioso pero revelador, se convierte en uno de los indicadores más precisos del impacto emocional. A través de la medición de su actividad, podemos detectar cómo se siente alguien sin que diga una sola palabra. En el ámbito del neuromarketing, los **sensores cardíacos** nos permiten observar esas reacciones internas. No se trata únicamente de contar los latidos por minuto, sino de analizar cómo varía el ritmo entre ellos, lo que se conoce como **variabilidad de la frecuencia cardíaca**. Este indicador ofrece pistas sobre el equilibrio emocional, el nivel de tensión, la fatiga o la capacidad de adaptación ante estímulos.

Cuando una persona ve un anuncio, interactúa con una web o recorre una tienda, su sistema nervioso responde al instante. Si algo le emociona, le inquieta o le aburre, el corazón se altera. Medir esta respuesta se ha convertido en una herramienta clave para comprender, con rigor científico, qué funciona y qué no a nivel emocional.

¿Qué datos nos ofrece?

- **Frecuencia cardíaca**: Indica el número de pulsaciones por minuto. Suele elevarse en situaciones de excitación, estrés, sorpresa o esfuerzo físico y mental.
- **Variabilidad de la frecuencia**: Refleja la capacidad del cuerpo para adaptarse a los cambios. Una alta variabilidad suele estar relacionada con estados de calma y control emocional, mientras que una baja variabilidad puede asociarse con tensión, fatiga o reacciones impulsivas.
- **Registro eléctrico (ECG)**: A través de electrodos, permite captar con precisión la actividad del corazón, latido a latido.
- **Registro óptico (PPG)**: Utiliza luz para detectar cambios en el flujo sanguíneo, sin necesidad de cables o electrodos. Es el método más común en pulseras y relojes inteligentes.

FACIAL CODING O CODIFICACIÓN FACIAL

Vamos con la penúltima tecnología que utilizamos, como ya te dije, son las que yo he utilizado, hay más, pero me gusta hablar desde lo que yo he trabajado. Vamos con la penúltima biometría, antes de pasar a la joya corona…

Como se dice popularmente, la cara es el espejo del alma, en este caso lo podríamos adaptar y llegar a la siguiente conclusión: La cara es un espejo emocional. Todos tenemos más de 50 micro-músculos en el rostro. Aunque intentemos disimular, hay micro gestos que delatan lo que sentimos. A veces en menos de medio segundo, el cuerpo revela una emoción que no ha pasado todavía por el filtro de la conciencia. Ese instante fugaz es precisamente lo que estudia el Facial Coding.

Esta técnica se basa en la idea de que las **expresiones faciales están biológicamente programadas**, no aprendidas. Es decir, todos los seres humanos —sin importar su cultura, idioma o edad— muestran emociones básicas con gestos similares. Son reacciones automáticas, difíciles de controlar, que permiten descifrar estados emocionales con una precisión sorprendente.

EL Facial Coding se fundamenta en los trabajos del psicólogo Paul Ekman, quien identificó que existen expresiones universales vinculadas a 7 emociones primarias:

1. Alegría.
2. Tristeza.
3. Miedo.
4. Sorpresa.
5. Ira.

6. Desprecio.
7. Asco.

Estas emociones se activan mediante **micro movimientos musculares faciales** que aparecen incluso cuando la persona intenta reprimir su reacción.

¿Qué datos aporta?

- Qué emoción siente un sujeto en un momento concreto (ante un estímulo particular).
- Cuánto dura esa emoción.
- La intensidad.

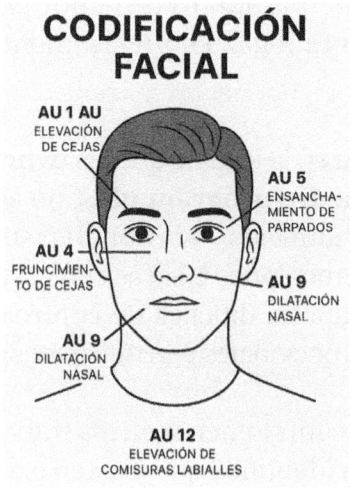

CODIFICACIÓN FACIAL

AU 1 AU
ELEVACIÓN DE CEJAS

AU 5
ENSANCHA- MIENTO DE PARPADOS

AU 4
FRUNCIMIEN- TO DE CEJAS

AU 9
DILATACIÓN NASAL

AU 9
DILATACIÓN NASAL

AU 12
ELEVACIÓN DE COMISURAS LABIALLES

Fuente: Elaboración propia

ELECTROENCEFALOGRAFÍA (EEG)

Y ya llegamos a la joya de la corona. La biometría más conocida y llamativa de todas. La que le termina de dar sentido a todo: La electroencefalografía (o como la llamamos para ser más agiles, EEG).

Esta es la biometría más compleja (siempre y cuando no uses fMRI). Es una manera completa de **escuchar al cerebro en tiempo real**. Se trata de una diadema que colocamos sobre la cabeza, que debe estar en contacto con el cuero cabelludo, y para una mejor recepción de las ondas cerebrales se suele agregar unas gotitas a cada sensor de una solución que sea conductora, como puede ser alguna solución salina o inclusive líquido de lentillas para que sea más fácil el contacto. La que más hemos usado nosotros dispone de 14 sensores, pero puedes encontrarlos desde 5 hasta 20, ya dependerá de modelo, marca y fabricante. Es una biometría de precisión temporal altísima, y no invasiva. Cabe destacar que esta biometría a pesar del aparataje de la misma, es totalmente inocua puesto que no emite ningún tipo de onda, solo las capta. Es decir, que cualquier dispositivo móvil que llevamos en el bolsillo 24 horas al día es más peligroso al recibir y emitir ondas.

¿Cómo funciona?

El cerebro humano está compuesto por miles de millones de neuronas. Cuando estas se comunican, lo hacen mediante impulsos eléctricos. La EEG registra esa actividad desde el exterior de la cabeza con los sensores anteriormente mencionados. Dichos electrodos no generan electricidad, simplemente se limitan a captar pequeñas señales eléctricas emitidas por grupos de neuronas activas.

Como resultado son ondas cerebrales, que se clasifican según su frecuencia e intensidad. Cada onda, por tanto, está vinculada a diferentes estados mentales y emocionales.

Aquí te detallo las distintas frecuencias de ondas cerebrales y su significado:

ONDAS CEREBRALES

	DELTA	0,5-4 Hz	SUEÑO PROFUNDO, DESCONEXIÓN
	THETA	4-8 Hz	RELAXACIÓN PROFUNDA, ENSOÑACIÓN
	ALPHA	8-13 Hz	CALMA, DESCANSO CON ATENCIÓN
	BETA	13-30 Hz	ATENCIÓN ACTIVA, PENSAMIENTO LÓGICO
	GAMMA	30-100 Hz	PROCESAMIENTO DE INFORMACIÓN, MEMORIA

Fuente: Elaboración propia

Estas ondas no se excluyen entre sí. Todas están presentes en distintos grados, dependiendo del contexto dominará una u otra. Cada onda, tiene su manera específica de representarse, aquí te muestro como las visualizamos en el software:

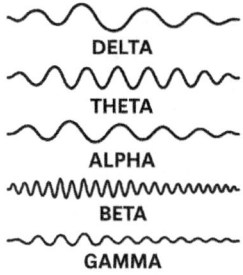

DELTA

THETA

ALPHA

BETA

GAMMA

Fuente: Elaboración propia

Y, lo más interesante, con toda esta información, el software hace la traducción de las ondas en emociones que son claves y fundamentales para el marketing como:

- **Engagement** (conexión emocional).
- **Excitación.**
- **Focus** (atención).
- **Interés.**
- **Estrés.**
- **Relajación.**

Este sería el resumen del proceso EEG desde el estímulo hasta la interpretación:

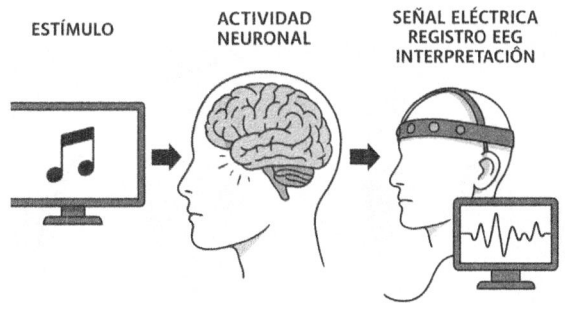

ESTÍMULO   ACTIVIDAD NEURONAL   SEÑAL ELÉCTRICA REGISTRO EEG INTERPRETACIÓN

Fuente: Elaboración propia

Adicionalmente, podemos saber qué partes del cerebro se activan y cuales no, puesto que podemos ver a través del software cómo se iluminan en el caso de activación. En el último capítulo, en el que hablaremos de casos reales, te enseñaré vídeos en los que verás todo esto que te cuento en funcionamiento, no te preocupes.

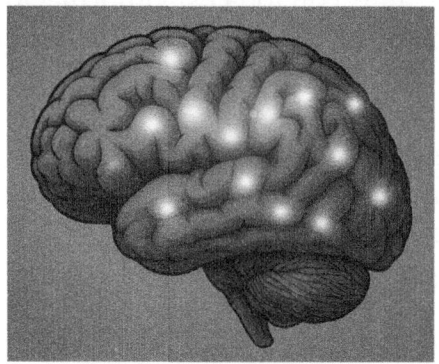

Fuente: Elaboración propia

Los electrodos están estratégicamente colocados en distintas áreas de la cabeza para medir zonas concretas importantes para el Neuromarketing.

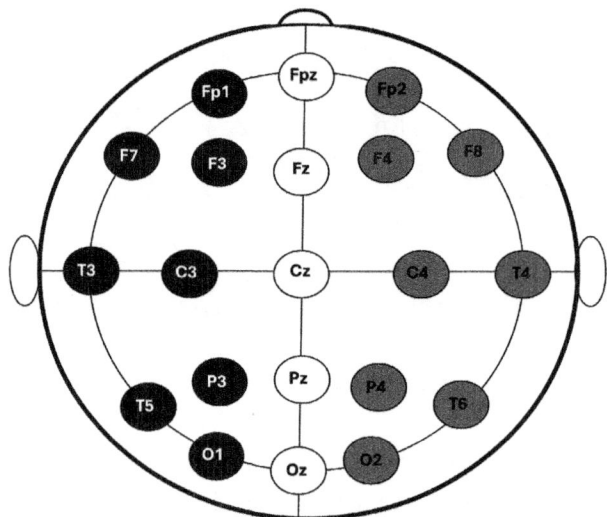

Esquema del cráneo con los electrodos colocados según el sistema internacional 10-20 (Protocolo estandarizado más utilizado en la colocación de sensores en estudios de EEG)

Esta es una representación gráfica de cómo se colocan los electrodos, siguiendo el protocolo internacional más extendido. Los electrodos se colocan en el área: Frontal, Central, Parietal, Occipital y temporal. Los impares a la izquierda, los pares a la derecha. Cada punto representa una zona funcional del cerebro, así se reparten los electrodos:

- **Los frontales** (Fp1,Fp2,Fz) recogen la actividad relacionada con la toma de decisiones, el razonamiento y el control emocional.

- **Los temporales** (T3, T4, T5, T6) están asociados a la audición y el procesamiento del lenguaje.

- **Los parietales** (P3, P4, Pz) con la integración sensorial.

- **Los occipitales** (O1, O2) con el procesamiento visual.

Este protocolo nos permite una lectura organizada y precisa de la actividad eléctrica cerebral.

Para recapitular este capítulo de biometrías, te adjunto una pequeña tabla resumen de las distintas biometrías que hemos desarrollado. Recuerda que ni son todas las que están, ni están todas las que son. La más compleja de todas, que no te he tenido la suerte de utilizar es la fMRI (Resonancia Magnética funcional), por su elevado coste y complejidad de uso. Te comparto las que he utilizado en los últimos 10 años:

Biometrías de Neuromarketiing

Biometría	Qué mide	Para qué se usa
Eye Tracking	Punto de fijación visual, duracion y orden de arenión	Optimizar diseño visual de anuncios, webs, packaging
EEG (Electroencefalografía)	Actividad electríca cerebral relacionada con atención, emo.	Detectar interés, esfuerzo mental, conexión emocional
GSR (Respuesta galvánica de la piel)	Intensidad de la emoción a traves de cambios en la piel	Medir respuesta emocional subconsciente
Frecuencia cardiaca / Respiratoría	Cambios fisiologicos ante emociones (estrès, sotprsa)	Analizar reacciones automàticas ante estimulos
Reconocimiento facial	Microexpresiones faciales para identificar emociones	Interpretar emociones sin necesidad de verbalizaciõn
fMRI (Resonancia magnĕtica funcional)	Áreas del cerebro activadas por estimulos (requiere equipemiento	Estudios avanzados sobre toma de decisiones y placer

QR 2: Biometrías resumidas

¿Recuerdas que, al principio del capítulo, dejamos un comentario a medias, y te dije que lo completaría al final? Pues aquí voy... Respecto a la idea de implementar un laboratorio con todas las tecnologías de biometría de medición de estímulos, te decía que primero valides con el mercado si tienes demanda antes de acometer una inversión fuerte. Hemos implementado con el equipo diversos laboratorios a lo largo de estos años para terceros, en distintos países y no es una tarea fácil arrancar un laboratorio desde 0.

Te hago dos reflexiones:

Si no te gusta vender, no implementes un laboratorio de Neuromarketing. No se trata de tener el conocimiento, ni de tener la mejor tecnología ni el mejor software. Necesitas entender el Flow, la venta de un proyecto, las necesidades y toda la casuística dado que no es un sector al uso. No estamos vendiendo un producto cerrado, cada proyecto es un mundo. Habré trabajado en más de 100 proyectos de Neuromarketing, y te puedo asegurar que no me he encontrado dos casos iguales. No son reglas estándares, lo que aplica en un sitio, no aplica en otro. No hay dos presupuestos iguales, porque no hay dos casos iguales. Tienes que aprender el oficio, y tienes que aprender a venderlo, si no, lamentándolo mucho serás un excelente técnico de laboratorio, pero no serás capaz de vivir de ello. Te hablo desde un punto de vista de la consultoría de empresas de neuromarketing. Si eres un excelente técnico, pero no sabes o no te gusta vender, y no te gusta el trato con el cliente, tranquilidad, no pasa nada, el Neuromarketing es mucho más que consultoría. Podrás dedicarte a esta disciplina, pero desde el punto de vista de la investigación, artículos científicos, universidades, docencia y demás, lo cual, es un mundo apasionante y te va a permitir ganarte la vida muy decentemente, pero desde mi punto de vista, segado por mis gustos hacia el mundo de la empresa, la consultoría es un mundo en el que vas a tener que saber vender como fortaleza número 1, y como fortaleza número 2, te va a tener que gustar si o si, tratar con tus clientes.

Entiende el proceso y consigue tu primer cliente, pero NO inviertas en tecnología (todavía). Entiende el proceso, entiende cómo se presupuesta un proyecto, conoce el mercado, conoce bien el sector y **consigue tu primer cliente.** Una vez que hayas conseguido tu primer cliente, subcontrata a un laboratorio que ya tenga toda esa tecnología, y aprende todo desde fuera. Vas a ganar menos que si lo hicieses tú con tus equipos ya amortizados económicamente, obvio. Pero, dos temas, 1 no los tienes amortizados ya que es tu primer cliente, y 2, no tienes curva de experiencia. Te. Mi consejo sincero, una vez que tengas el primer cliente, vas a depositar tu confianza en un laboratorio que ya ha recorrido un camino, ya ha comprado numerosas tecnologías (y se ha equivocado varias veces con la inversión pertinente) hasta que ha encontrado aquella con la que funciona todo acorde a sus necesidades, ha realizado importantes inversiones en software hasta que ha encontrado uno que le cuadra, ha formado el personal y ha realizado varios proyectos entiendo el proceso desde la A hasta la Z.

En ese proyecto, evidentemente, desde un punto de vista económico, no vas a ganar tanto como si lo hicieses tú, pero te aseguro que va a ser tu mejor decisión empresarial. Vas a ver cómo se realiza el proceso, los problemas que te encuentras, como se presupuesta, rentabilidades y todos los entresijos. Con esa modesta ganancia que adquieras, si ya tienes 2,3,4, clientes más, ahí, mi estimado lector, creo que ya estás en preparado para este apasionante juego. Ahí será el momento de plantear la implantación de un modesto laboratorio con la tecnología necesaria para acometer proyectos vibrantes. Es importante, que hagas un buen plan para la amortización de equipos y software, y calcules bien el precio/hora de los técnicos y demás, todo suma.

Quizá te suena raro esto que te acabo de contar, pero lo he visto tantas veces... personas que se han obsesionado con la tecnología, y que han entendido que neuromarketing = biometrías. Pero es mucho más. Permíteme el paralelismo, con el mundo del deporte. He sido, y sigo siendo un apasionado del deporte, y gracias a mis padres, he podido competir desde pequeño a buen nivel en numerosos deportes. Fútbol, judo, tenis, pádel, Golf, Triatlón de larga distancia... y una larga lista que prefiero no recordarles a mis padres para que no piensen que con esa inversión probablemente, hoy tendrían un yate en el puerto de Alicante. Bromas aparte, y haciendo referencia al último deporte que he practicado a alto nivel, el triatlón de larga distancia (en el que culminé 5 Ironmans, distancia compuesta por natación 3,9 Kms + bicicleta 180 kms + correr 42,2 Kms) sería algo similar a que un día decides empezar a hacer deporte, y lo primero que te pones de objetivo es hacer un Ironman. Estás decidido a empezar a correr, montar en bici y demás, y antes de salir el primer día a correr, y saber si te gusta o se te da bien, te compras:

• Unas zapatillas ultraligeras de 200 euros.
• Pagas un entrenador por 1 año.
• Pagas un nutricionista por 1 año.
• Te compras un neopreno de última generación de unos 600 euros.
• Te compras las gafas de natación.
• Te compras las últimas gafas de sol para la bici de unos 250 euros.
• Te compras una bici de competición de carbono con cambio electrónico de 12.000 euros.
• Ruedas de perfil de carbono de 3.000 euros.
• Y te apuntas al Ironman de Lanzarote para el año siguiente.

Y puedo seguir, pero creo que ya se entiende el paralelismo. Es decir, antes de saber si te va a gustar el mundo del triatlón, antes de ni siquiera haberlo probado, o peor todavía, antes de saber si se te va a dar bien, procedes a invertir una cantidad no deleznable. Entiendo que lo razonable, es salir a correr el primer día con las típicas zapatillas de deporte que todos tenemos y la típica camiseta que tenemos cómoda y ya veremos...

Después del 1, el 2. Esta es mi humilde opinión.

Como creo que ya lo mencioné en distintas ocasiones, la sede de mi empresa está en Lanzadera, Valencia. Y hablo con muchos emprendedores, que vienen a pedirte consejo cuando arrancan su negocio, su web o una idea. Mi respuesta es siempre la misma.

¿Quieres vender patinetes eléctricos en web? Me parece fantástico. Monta la web, empieza a vender, y cuando ya hayas vendido, los compras. No al revés. Esto es un barro en el que no me quiero meter, porque da para otro libro. Pero primero, vende, siempre.

Capítulo 7

Neuromarketing es mucho más que biometrías y tecnología

HERRAMIENTAS Y TÉCNICAS DE NEUROMARKETING (SIN USAR TECNOLOGÍA DE MEDICIÓN DE EMOCIONES) Y SESGOS COGNITIVOS

Como ya me habrás leído en varias ocasiones, Neuromarketing no es solo biometrías, si bien es cierto que son los fuegos artificiales, no te quedes solo ahí. A continuación, te voy a dejar **8 herramientas** que utilizamos en Neuromarketing que no requieren de biometría, ni de inversión. Solo ponerte en los zapatos de tu cliente y pensar cómo conectar con él y qué emociones tocar en cada momento. Te dejo para el último lugar, la herramienta que más me gusta utilizar, y creo que bien realizada es muy poderosa.

1. Análisis de sesgos cognitivos

Al cerebro le encanta etiquetar dado que consume menos energía etiquetando que analizando y comprendiendo. Fruto de esta reflexión, el cerebro utiliza lo que llamamos atajos mentales, o el término técnico los heurístico. Estos atajos los utiliza el cerebro para tomar decisiones rápidas activando áreas concretas como la amígdala y la corteza prefrontal.

Los recursos más utilizados suelen ser la escasez, el anclaje de precios o el efecto marco para quitar la percepción de valor. Por ejemplo, nos queremos ir a Mallorca de vacaciones entramos en nuestra aerolínea favorita desde el móvil, y de repente vemos en rojo «solo quedan 3 asientos a este precio en este vuelo». Se dispara en nosotros entonces un estrés positivo (puesto que es buscado, si no es buscado, el estrés está en el Top 3 de emociones más negativas) que nos motivará a la compra. Esto se conoce como el **sesgo de escasez.**

El anclaje, lo utilizamos con mucha frecuencia, es mostrarte un producto a un precio elevado, para al mostrarte el siguiente en su precio real, nos genere una percepción de «barato». Aquí el orden de los factores sí que altera el producto. Esto es lo que se conoce con el **sesgo de anclaje.**

Tip 7. No hay nada caro o barato. Todo depende de con qué lo compares, y el pain que tu cliente esté calmando.

2. Arquitectura de elección

La manera en la que dispongas tus productos tanto en web como en físico, va a influir directamente en lo que tu cliente acabe eligiendo. Productos en el lineal a la altura de la mano, de los ojos, que tu cliente se tenga que agachar, incluso pedir ayuda a un empleado para que se suba en una escalera para bajarle un producto… la performance de cada ubicación, será totalmente distinta.

Del mismo modo, no es lo mismo que tu consumidor se enfrente a 20 alternativas ante tu lineal, que tenga delante 3 alternativas muy bien seleccionadas. Por ejemplo, si estoy buscando una gomina, me presentas una de «buena marca», una de categoría media-baja y una marca blanca. De esta manera me estás simplificando enormemente la tarea de mi toma de decisión. En este caso, menos es más. Ante la excesiva abundancia de opciones ocurren dos situaciones: La primera es que nunca vamos a tener la certeza de haber toma la mejor decisión, y la segunda, es que en un alto porcentaje de las situaciones, postergaremos la compra para otro momento para evitar enfrentarnos a ese estrés de toma de decisión.

3. Storytelling emocional

Al ser humano le cuesta recordar gran volumen de datos, estadísticas y números. Sin embargo, es capaz de recordar muchas historias, fábulas, cuentos, «chismes»… Si le preguntas a un niño de 4 años cuál es su mejor momento del día, muchos te contestarán que el momento el que papá y/o mamá les leen un cuento por la noche. El storytelling emocional, es ese cuento que nos contaban de pequeños, pero en lenguaje marketero, y el objetivo no es aprender o fábula o quedarse dormido, el objetivo será conectar, enamorar y especialmente: comprar.

Los cuentos que nos cuentan las marcas, suelen activar emociones, y recuerda que las emociones activan la memoria. El gran poder de esta herramienta consiste en que a pesar de que sepamos que estamos viendo un anuncio, nos dejamos seducir por la trama y acabaremos indudablemente vinculando la emoción de la historia con la marca que la cuenta. Te daré un ejemplo brutal en el último capítulo que realizamos en Rumanía con una conocida marca de cosmética, a través de un storytelling muy potente, por el cual obtuvimos el galardón de una conocida plataforma de vídeos, como el mejor vídeo de ese cuatrimestre a nivel nacional.

4. Pruebas A/B conductuales

La importancia de trabajar con comportamientos reales, no con opiniones. La observación aquí será clave. Un cambio de colores en tu web, de disposición de su arquitectura o el lugar donde posicionas el botón del carrito, pueden marcar la diferencia. Observa durante un tiempo determinado cómo funciona con/sin cambios. Y aprende del proceso e implementa los cambios que más te funcionen para tu objetivo. Aquí evidentemente con biometría es mucho más interesante, pero de no tenerla, ya vas a tener una info de primera mano muy interesante.

5. Principio de Reciprocidad

Cuando el ser humano recibe algo, siente por pequeña que sea, una pequeña obligación de corresponder con ese acto. Muchas estrategias comerciales y de marketing tienen su base científica en este principio. Cuando una marca nos regala algo, nos ofrece una muestra de producto o un café mientras esperas a que te atiendan, se genera dentro de nosotros una necesidad de tratar de compensar de alguna manera ese acto. Si bien es cierto, que ese acto debe ser puro. Me explico, la marca lo debe de hacer sin pedir nada a cambio. De lo contrario, nos sentiremos engañados.

Recuerdo, en un viaje, que iba paseando por la calle, y una familia me invitó a tomar café dentro su casa. Me pareció un bonito gesto para aprender de su cultura de primera mano y ver cómo vivían, inclusive hacer preguntas para aprender de ellos. Me ofrecieron té espectacular y unas pastas de pistacho. Hasta aquí todo espectacular. Mi sorpresa llegó cuando empezaron a sacarme alfombras, manteles, souvenirs, literalmente de todo. Tras mucho insistir en que comprase, que no estaba en mis planes iniciales, me empezó a invadir una sensación de «obligación» para compensar lo que a priori había sido una generosa hospitalidad. La situación empezó a ponerse tensa ya que sentí que aquello no había sido una jugada justa. Hasta que llegó el momento en el que literalmente me dijeron «Amigo, tienes que comprar algo, que nosotros te hemos invitado a té». Como podrás imaginar, dejé una propina por las molestias, pero no accedí a comprar nada a pesar de lo incómodo de la situación.

Tip 8. Amamos comprar, detestamos que nos vendan.

Por esto mismo, no debe de tratarse una manipulación, sino de establecer una relación de valor mutuo, en la que no se debe llevar la cuenta de favor por favor.

6. Neuromarketing y lenguaje

Las palabras nos ayudan a realizar constructos mentales. Nos ayudan a imaginar, incluso pueden desatar un impulso a la compra. «Exclusivo para ti», «descubre», generan una dopamina en el cerebro mayor que «disponible» o «mira».

La tarea del copy en una marca es fundamental. Un buen jingle o un buen eslogan, puede retumbar en la mente de los consumidores durante generaciones. Escoge con precisión quirúrgica el lenguaje con el que te refieres a tu producto o servicio, y especialmente el lenguaje con el que te comunicas con tu audiencia.

Esta instantánea la tomé una archiconocida cafetería en Sao Paulo (Brasil) en el año 2009. Hoy en día esto es super común, pero en aquel entonces, cuando me llamaron para entregarme el café y me entregaron este vaso, me impactó tanto que es le hice una foto y la utilizo en casi todas mis presentaciones. ¡Qué maravilla del lenguaje! Los dos elementos que más venden del mundo y que más le gusta a tu cerebro: que te llamen por nombre y la sonrisa. Estos dos elementos reunidos en una taza de café, en apenas 10 cm cuadrados. Aquí descubrí uno de los porqués del éxito de esta marca y se me quedó grabado para siempre. Esto es conocido como el **efecto halo.** Un rasgo positivo de una marca influye en como percibimos el resto.

La palabra «nuevo» es muy potente. Un antiguo jefe mío de una agencia siempre decía que *la palabra más importante en el mundo de la publicidad era la palabra nuevo, era como una pomada para alguien que tenía un dolor.* Esto viene dado por lo que se denomina el **sesgo de novedad,** por el cual prestamos más atención a lo nuevo y diferente.

7. La distancia psicológica

Esta herramienta la utilizamos en Neuromarketing para acortar la distancia con el usuario, o la distancia del usuario con una situación, o producto. Es decir, la distancia psicológica es la forma en que percibimos algo como cercano o más lejano, no solo a nivel físico, sino también en relevancia personal o probabilidad de que ocurra. No se trata de una distancia medible en kilómetros, se trata de cómo nuestro cerebro sitúa mentalmente un acontecimiento o una idea.

En tanto en cuanto, nosotros como marcas, no acortemos esa distancia, el usuario ante la escasez de información y detalles, tenderá a «inventárselos» o como decimos, fabricar constructos mentales. Y eso, no nos interesa como marca. Necesitamos darle el máximo nivel de detalles al consumidor para que pueda imaginarse en ese viaje, o que sentirá en nuestro coche, o cómo le quedarán ese par de vaqueros. En resumen, debemos acortar esa distancia, acercar un producto a la mente del cliente usando imágenes realistas, plazos cortos o ejemplos que conecten con su vida cotidiana.

La distancia psicológica se trabaja en sus 4 dimensiones:

- **Social:** No me afecta de igual manera un hecho que me ocurre a mi, a mi mejor amigo o a un desconocido de otra cultura en otro continente.
- **Hipotética:** la probabilidad que algo ocurra hace que mi capacidad de imaginar detalles sea mayor. A medida que un hecho sea poco probable, mayor nivel de imaginación debo plasmar. Por ejemplo, si tuviese que imaginar mi vida si en lugar haber estudiado publicidad como realmente hice, hubiese estudiado fisioterapia que llegué a estar incluso pensando en matricularme, no me costaría demasiado poner detalles a mi vida como fisioterapeuta. Puesto que era una opción muy plausible y deseada. Obviamente este libro no hubiese visto la luz ;) pero podría imaginarme mi «nueva vida». Sin embargo, si pienso en cómo sería poder volar, teletransportarme o ser invisible, me cuesta ponerle detalles a ese hecho dado el grado de poca probabilidad de ocurrir. O cómo seria mi vida teniendo un hermano gemelo, o si me tocase la lotería... A mayor grado de probabilidad, más fácil será imaginarnos todos los detalles y evitar así las invenciones de nuestro cerebro.
- **Temporal:** Cuanto más cerca estemos de un evento, más fácil será imaginarlo (si es a futuro) o recordarlo (si ya ha pasado). Dos ejemplos rápidos, si ayer llegué de viaje de Cancún, y hoy me reúno con mis padres y me preguntan qué tal el viaje, me va a resultar muy fácil recordar la comida, los olores, las anécdotas, los tiempos, el orden

de las excursiones y recordar sensaciones y emociones con toda claridad. Cuanto más tiempo pase, más detalles omitiremos y puede ser que algo podamos modificarlo en nuestros recuerdos. Del mismo modo, si trabajas en una agencia de viajes, en el mes de septiembre te contratan un viaje a Cancún para el mes de Junio del próximo año, tu deber es mediante esta herramienta, ayudar al consumidor a que se imagine desde ya, qué va a sentir, cómo es la playa, qué cócteles va a probar, qué temperatura, etc. Desde ya, no unos días antes de su viaje, para que la espera sea más amena y su expectativa y nivel de detalles aumenten.

• **Espacial:** Imagina que vas conduciendo en tu coche escuchando la radio y escuchas una noticia de última hora que interrumpe tu canción favorita… Ha habido un terremoto de magnitud colosal, muchísimos destrozos materiales y muchos heridos. Te asustas mucho. No vas a sentir la misma emoción ni vas a actuar de la misma manera si:

- El terremoto ha sido en la otra parte del mundo.
- Ha sido en España.
- Ha sido en tu ciudad.

En el primer escenario, probablemente, lo comentes con tu pareja o trates de buscar algo más de info al respecto, pero sinceramente, aparte de lamentar las víctimas, poco más podemos hacer.

En el segundo escenario, vas a interesarte por dónde ha sido exactamente, y en caso de tener amigos o familiares en esa ciudad, llamarás corriendo para ver si están todos bien. Buscarás información al respecto y tu nivel de compromiso será más alto.

En el tercer escenario, ojo que ya nos ponemos nerviosos. Empezaremos a llamar a todos nuestros seres queridos, estaremos permanentemente conectados a las noticias, incluso nos desplazaremos al lugar específico, ofreceremos nuestra ayuda y tendremos un nudo en el estómago durante mucho tiempo.

En resumen, como marcas, podemos aprovechar las 4 dimensiones de esta poderosa herramienta con el objetivo de acortar esa distancia psicológica. El objetivo será siempre acompañar al usuario para que las distancias en cada una de las dimensiones sean lo más cortas posibles:

- Social (Yo).
- Temporal (Ahora).
- Hipotética (Mi realidad).
- Espacial (Aquí).

9. La predicción afectiva

Somos curiosos por naturaleza. Uno de los temas que ha intrigado al ser humano (y lo sigue haciendo a día de hoy) es el conocimiento de qué va a suceder en el futuro, y cómo nos sentiremos en ese escenario, en definitiva, la predicción de acontecimientos.

¿Cómo me sentiré cuando apruebe mi último el examen... seré feliz con mi mujer... seré exitoso... seré feliz... me sentiré realizado en mi nuevo trabajo...? Todos alguna vez hemos fantaseado con la idea de tener esa bola de cristal para leer el futuro y tener respuesta a alguna de esas preguntas.

Como seres humanos contamos con numerosos talentos, habilidades y virtudes. Lamentablemente, la predicción afectiva no es una de ellas. Si te planteas comprarte un coche nuevo, no solo vas a pensar en el precio, el motor, el consumo y los extras. También vas a imaginar cómo te sentirás conduciéndolo, qué sentirás el primer día al sacarlo del concesionario, a que olerá el interior, que música seleccionarás para estrenarlo, incluso, qué pensarán tus amigos y familiares cuando se lo enseñes. Y aquí, es donde la predicción afectiva no es precisa. Tendemos a sobreestimar lo felices o infelices que nos hará algo, y tendemos a subestimar nuestra capacidad de adaptación. Seguro que habréis dicho o escuchado alguna vez algo parecido a:

- «Cuando me compré mi coche soñado, seré el más feliz del mundo».
- «Cuando me entreguen en mi casa nueva, ya me puedo morir tranquilo».

Y la realidad, es que 3 semanas después de tener tu coche nuevo, te acostumbras. Y, te aseguro que cuando te entreguen tu casa nueva, vas a desbloquear un nuevo nivel de preocupaciones (gastos, papeleos, reformas, mudanza…).

En definitiva, esta herramienta la utilizaremos para ayudar al cliente que se proyecte mentalmente en la experiencia con nuestro producto o servicio. Campañas que muestren personas disfrutando de un viaje en coche, probándose ropa en una tienda o recibiendo un cumplido por ese coche tan bonito, son algunos recursos que utilizamos en marketing para ayudar al consumidor a imaginar y a acercar esa emoción futura. Esa emoción mi estimado lector, suele ser el detonante más importante a la hora de tomar una decisión de compra.

9. Emotional Customer Journey Map o Mapa emocional de experiencia de cliente

Esta, bajo mi punto de vista es la joya de la corona, la que te comenté en la intro de este capítulo que me la dejaba para el final porque es la que más disfruto. Te explicare varios ejemplos reales a través de un vídeo en el último capítulo, en los que hemos implementado esta herramienta con éxito para la marca. El Customer Journey Map es una herramienta que nos permite visualizar de principio a fin, el camino que recorre la persona desde que descubre que tiene una necesidad hasta que, si todo va bien, después de consumir nuestro producto o servicio, nos recomienda. Es una historia donde el actor principal es el cliente, y es importante observar qué siente y piensa en cada fase. Añadiremos, como te comentaré más adelante en profundidad los **puntos de contacto emocionales** y **los momentos de la verdad**. Muy importantes en dicho mapeo del cliente. Te voy a contar cómo lo uso yo. Puedes utilizar, 4,5 incluso 6 etapas, dependiendo de las necesidades, sector, producto, etc. A mí me gusta simplificarlo, pero como se dice, para gustos colores. Esto sería el esquema tradicional más completo:

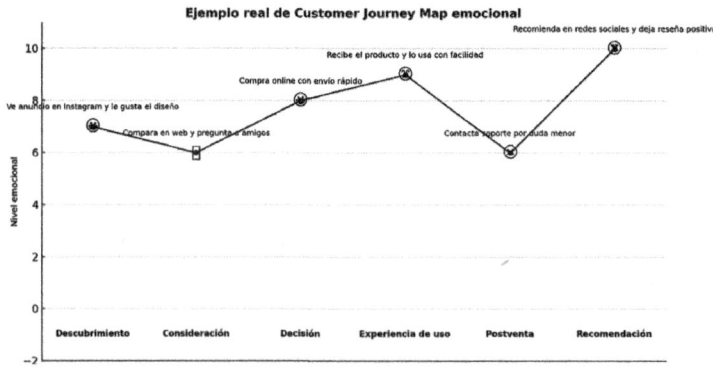

Fuente: Elaboración propia

122

Esto es un ejemplo sencillo de cómo trabajar un Customer Joruney Map sobre tu propio negocio. ¿Qué le añadiría yo? Muy sencillo:

• Una vez que has definido distintos Buyer Persona (**te dejo un Qr debajo de este punto para extenderte este concepto, que me parece el punto 1 de absolutamente en todo lo que tiene que ver con marketing)** me aventuraría, a en la primera fase, la de *Descubrimiento* añadir todas las posibilidades que existen para cada uno de los Buyer Persona de conocerte como marca/producto. Es decir, analizar Buyer Persona, uno a uno para ver todos los canales y medios de descubrimiento. Por ejemplo: Boca a boca, redes sociales, Internet, familiares, ferias, revistas, etc.

Esta fase es cuando el cliente se da cuenta de que existe algo que podría interesarle o resolverle un problema. En esta fase, la emoción que predomina es la curiosidad. No hay compromiso todavía, solo un interés inicial.

QR 8: Explicación y definición Buyer persona (9 mins.)

• En la Fase de **Consideración,** el cliente ya sabe de nuestra existencia, ahora es el momento de comparar, evaluar alternativas, buscar reseñas, preguntar a nuestro círculo cercano, evaluar pros y contras... Aquí las emociones reinas son la duda y la expectativa. Aquí volvemos al Neuromarketing del lenguaje, nuestra misión es disponer la información de nuestro producto o servicio de manera clara, transparente y fácilmente accesible.

- Llegamos a la fase de **Decisión.** El cliente ya está listo para comprar, tiene que elegir la mejor decisión entre toda la oferta disponible en el mercado, nuestros competidores, o nosotros. Aquí el objetivo número 1, es facilitar al máximo el proceso de compra. Proceso rápido, sencillo y sin interrupciones ni obstáculos.

- **La experiencia de uso.** Listo, nuestro cliente ya nos ha comprado. Llega el momento de la verdad. Prueba nuestro producto. Aquí la emoción reina es la expectación. Ojo con lo que los americanos llaman el «*Overpromise and underdeliver*» (en castellano de toda la vida: «prometer en exceso y cumplir de menos») puesto que hemos generado una expectativa con nuestro cliente, no podemos limitarnos a cumplirla, tenemos que superarla. Si conseguimos superar dichas expectativas tanto generadas por nuestras campañas de marketing como por las propias elucubraciones de nuestro cliente, el recuerdo será positivo, y entraremos en su lista corta de recuerdo para la próxima vez que nos necesite.

- **Post Venta.** Muchas veces pecamos en marketing de entender que la relación con el cliente finaliza cuando ha comprado. «Ya vendrá alguien de comercial o de producto a lidiar con los problemas postventa». Pero no. Fruto del uso del producto pueden surgir dudas o incluso problemas con instrucciones, funcionamiento de producto, garantías, etc. Necesitamos transmitirle **seguridad** en este momento del viaje del cliente, para reforzar su confianza y sembrar el inicio de una relación y de futuras compras.

- **Recomendación.** No hay mejor sensación como comprador, como la sensación de saber que hemos comprado bien, y mejor todavía, contarlo a nuestros cercanos (o no tan cercanos en el mundo digital). Aquí se produce un efecto de bola de nieve o de acumulación de problemas. Me explico, una recomendación positiva escrita en tu web, en Google my Business o una video reseña en Youtube pueden actuar como bola de nieve, es decir, generar más clientes. Pero, al contrario, de manera negativa, puede lastrarme mis ventas en sentido opuesto.

Yo añadiría una serie de conceptos a este mapeo que me parecen muy importantes:

- **Los momentos de la verdad.** Jan Carlzon popularizó este concepto en la década de los 80 y después evolucionó con Procter & Gamble y Google al Primer momento de la verdad (FMOT) y al momento cero de la verdad (ZMOT). Según el autor, cada contacto cuenta, por breve que sea. Una llamada telefónica a la empresa, un contacto a través de la web, una visita a la tienda… todo ello son momentos de la verdad, son puntos importantes en los que el cliente comienza a construir la imagen de marca en su mente. Por tanto, debemos conocer, primero dónde están (situarlos en nuestro customer journey map) y después cuidarlos al máximo nivel de detalle.

Después pasamos al FMOT (Primer momento de la verdad) que es cuando el consumidor tiene en frente suya, en el líneal el producto por primera vez y debe decidir si lo compra o no, esto sería en la fase de descubrimiento o de consideración.

A continuación, llegaríamos al segundo momento de la verdad, que es la compra y experiencia de uso, es decir, ya se ha decidido, compra el producto y va a experimentar con él.

El poder de estos momentos, y el porqué de su importancia, es que una vez que llegamos a la fase de recomendación, y hemos tenido nuestro segundo momento de la verdad, podemos dejar una recomendación en Google My Business por ejemplo. Y aquí ocurre la magia, mi segundo momento de la verdad (que ya he experimentado con el producto y dejo mi comentario) puede convertirse en la primera impresión de alguien nuevo que está buscando información acerca de ese producto (lo que se llama según Google el Zmot o momento cero de la verdad). Es decir, que la experiencia de otro usuario, se puede convertir en el impacto 0 de otro usuario, por estar en otro momento del customer journey map, apasionante. Y lo más beneficioso o peligroso de todo esto: No interviene ningún medio ni siquiera la marca. La opinión del usuario random @PabloFerreiros en Google será la mejor o peor campaña para tu producto para María, que vive en otra ciudad y está pensando en comprarse un producto como el tuyo... Depende como hayas hecho tu trabajo como marca y hayas cuidado los momentos de la verdad.

Tip 9. Las personas confiaremos
1.000 veces más en la opinión de
una persona random que ya haya

consumido un producto, antes que
la opinión de cualquier experto
o cualquier campaña de marketing
controlada por la propia marca.

• **Los puntos de contacto emocionales.** Dentro de esos momentos de la verdad que debemos plasmar en el mapeo, debemos tener en cuenta que algunos momentos de la verdad serán un mero trámite, y otros, serán puntos críticos en los que puede haber una emoción en juego: **Los puntos de contacto emocionales.**

Estos son aquellos momentos en los que el usuario se está forjando una emoción respecto a la marca, como puede ser la existencia de un problema con el producto, y el usuario llama a postventa para que la resuelvan. Aquí podrá salir totalmente reconfortado y seguro de su compra, porque le han resuelto su problema, o todo lo contrario. De ti depende como marca.

• **Las emociones y los 5 sentidos.** Es importante que definas qué emociones vas a buscar en el viaje del usuario y en qué punto del recorrido. Acorde a ello vas a estructurar todos los elementos para buscar esas emociones en ese punto concreto.

Has de acompañarlo de los sentidos de tu cliente. Has de definir, qué sentidos vas a tocar en cada una de las etapas y controlar todos los detalles. Desde a qué va a oler la recepción de tu tienda, al volumen de la música, la iluminación, el tipo de luz (blanca, amarilla, etc.), la fragancia y todo aquello que ayude a configurar la experiencia de cliente. Te daré ejemplos reales en el último capítulo, no te preocupes.

Te dejo aquí un ejemplo muy sencillo de un customer journey map para la compra de un coche, con los momentos de la verdad y emociones. A partir de aquí puedes cutomizarlo y complicarlo todo lo que necesites. Cuanto más azúcar, más dulce.

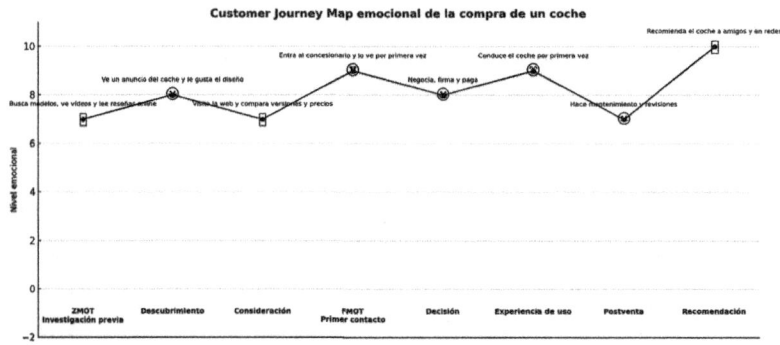

Fuente: Elaboración propia

Capítulo 8

Neuromarketing digital y Experiencia de Usuario (UX)

En este capítulo te voy a dar un dato y te voy a explicar un concepto clave. Ambos han cambiado mi forma de pensar en cuanto a la navegación digital y la experiencia de usuario se refiere.

1. EL DATO – 5%

Te voy a dar un dato, que al menos a mí me voló la cabeza. Pero espera, primero algo de storytelling... Desde que me aventuré en el mundo del marketing, me martillearon una y otra vez, respecto al diseño y a la navegación web, sin cesar: «Pablo, donde el usuario tiene puesto su ratón, ahí está la atención. Eso es un punto caliente, hay que poner el botón de compra y lo interesante ahí». Esa fue una de las premisas de usabilidad y navegación web durante muchos años. ¿Cuál fue mi sorpresa al comenzar a medir webs con biometría? Esto no solo no era así, sino que más bien era al revés. En lo que a navegación web en ordenador se refiere, **apenas el 5% del tiempo coinciden en posición el ratón del usuario y sus ojos**. ¿Cómo lo sabemos? Recuerda que una de las tecnologías que vimos en el capítulo 6 es el Eye-Tracking o seguimiento ocular.

Después de medir con biometría más de 200 webs durante casi 10 años, me atrevo a decirte, que apenas el 5% del tiempo de navegación coinciden el mouse tracking y el eye-tracking, es decir, que solo el 5% del tiempo coinciden ratón de usuario y ojo (mirada). Donde se encuentra el ratón, no tiene por qué estar la atención del usuario. Esto acontece en navegación en ordenador obviamente. He visto en numerosas ocasiones, que el ratón puede quedarse en un lado (por lo general en el lado derecho de la pantalla) y el usuario lo tiene ahí para no afectar a su lectura web, y simplemente se va a deslizar por la web haciendo el famoso scroll, es decir, que el ratón «ha caído» en ese punto por casualidad y no significa que eso sea un punto caliente de la web, ni mucho menos.

¿Cuándo van a coincidir efectivamente ratón y ojo? Cuando el usuario tenga que pinchar algún elemento de la web, rellenar un campo de texto, etc. Ahí obviamente será necesaria la acción y coincidirán.

Aquí te dejo un vídeo con uno de los cientos de análisis webs que hemos realizado. Por favor, fíjate en el recorrido visual del ojo (el círculito azul que deja un rastro amarillo) y el puntero del ratón (en color rojo).

QR 9: Diferencias en navegación web: Ojo Vs. Ratón (1 min.)

Con esto te quiero decir que, en los últimos 20 años, hemos vivido con unas métricas que nos han marcado absolutamente todo que quizá no eran los correctas. O al menos, no podíamos medirlo, ahora que si que podemos, estructuremos en función de patrones de navegación, no de intuición. Si las métricas han cambiado, debemos de cambiar nuestra forma de pensar y estructurar en experiencia de usuario digital.

2. EL CONCEPTO: FIGITAL y Experiencia de usuario (UX)

Este concepto de *Figital*, que proviene de la unión de lo Físico + Digital, me ha perseguido desde 2020. Creo firmemente, y es mi opinión que he discutido con varios colegas y muchos no están de acuerdo, que estamos viviendo un péndulo respecto al mundo digital.

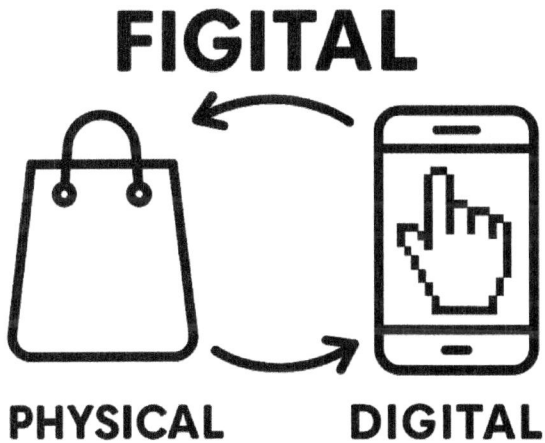

Creo que desde el 2000 y muy poco, hemos corrido todo con la transformación digital. Todo se tenía que vender en web. Cerramos tiendas físicas y los presupuestos se fueron al mundo on line. Lo físico apestaba, todo corríamos como escapando de un tornado hacia lo digital. Nuevas métricas, nuevos jugadores en el mercado, marcas que se hacían multimillonarias de la noche a la mañana, agencias de marketing adaptando equipos humanos, formándose porque nadie entendía nada, aunque utilizásemos *palabrejos* en inglés respecto a métricas y acrónimos «cools» pero la verdad es que los algoritmos eran como el ratoncito Pérez... Se supone que estaban ahí, pero nadie lo había visto.

Como te decía, creo que estamos en un péndulo, en el que pasamos del extremo de la venta física, y hemos llegado al otro extremo del mismo con la venta digital en 2020, y las marcas están volviendo hacia lo físico. En el año 2020, que la venta en tienda física no era una opción viable por la situación que vivimos, creo que llegamos al pico digital. Y aquí, las marcas vieron que estaban perdiendo el contacto con el usuario, que lo estaban empezando a desconocer y querían que volviese a sus tiendas físicas. Muchas marcas de calzado me contaban que sus clientes web se habían hecho muy inteligentes digitalmente, Me contaban que una persona que calzaba un 38, compraba el mismo zapato en 37, 38 y 39. Se los probaba en casa tranquilamente, y después con la devolución gratuita procedía a devolver los otros dos pares y listo. Suena genial. El problema, es el desorden logístico, la huella de carbono, el desajuste de stock de la marca y los costes de logística inversa asumidos íntegramente por la propia marca. Aquello era insostenible, muchas marcas necesitaban volver a lo físico.

A todo esto, te añado un dato más, extremadamente importante mediante una adivinanza:

«¿En qué se parece aparcar un coche
en paralelo y navegar en web?»

<u>Pista:</u> Tiene que ver con los sentidos.

No sé si lo has adivinado, pero en ambos casos, solo prestamos atención a un sentido: **La vista.** No sé tú, pero yo cuando estoy aparcando marcha atrás, si estoy en una llamada telefónica con el manos libres, le suelo decir a la persona que me de 3 segundos que estoy aparcando, y si tengo la música puesta en el coche, la bajo. Lo mismo me sucede navegando en una web, especialmente si voy a comprar o a introducir los datos de mi tarjeta, si hay música en la web, la quito inmediatamente. ¿No te has fijado que ya no hay webs con música? Porque será...

A lo que puedes pensar, «*¿Pablo, ¿qué más da que solo prestemos atención a un solo sentido?*» Y aquí mi estimado lector y lectora, es dónde las emociones vuelven a jugar un papel crucial.

Al solo contar con un sentido (la vista) en navegación web, esto hace que la emocionalidad del usuario esté muy limitada. Y con solo el sentido de la vista, no se puede generar una **experiencia holística,** que conjunte los 5 sentidos, lo emocional, lo cognitivo y lo social. Por ende, como dijimos en el capítulo 1, va a ser un reto complicado que emociones a un alto nivel a tu usuario solo a través de tu web y por ende le generes un recuerdo en su memoria a largo plazo.

Una de las consecuencias de este hecho es que las tasas medias en España de conversión en e-commerce en

España estén alrededor del 1,2% y las tasas de conversión en tienda física oscilen entre el 20% y el 40%.

Por eso desde el año 2020, no hemos parado de trabajar en este maravilloso Figital. Principalmente en dos sentidos. El primero, para tratar de hacer acciones en web que traigan al usuario a la tienda física (cupones, descuentos, eventos, etc.) y el segundo, para ayudar a las marcas a trabajar la experiencia de usuario y las emociones, tanto en el entorno físico como digital. El usuario ya no es solo físico o digital. Por ello, debe percibir una coherencia en la marca, de lo contrario, te va a castigar como marca. No puede ser que yo vaya a tu tienda física a comprar y todo sea genial, huela bien, buena luz, buena música, buenos precios, buena atención al cliente y luego voy a tu web y es un desastre. O, viceversa, que tu web sea una pasada y tu tienda física un desastre. Eso no te lo va a perdonar tu cliente.

Del hecho que estamos en una montaña rusa, a modo de péndulo en cuanto a experiencia de usuario, me di cuenta a nivel personal en el año 2021. Y creo que vamos a llegar al otro lado del péndulo poco a poco hacia lo físico, al menos durante unos años.

La situación a través de la cual me di cuenta que todo había cambiado fue la siguiente: Me encuentro en pleno cambio de casa, nos mudamos a una vivienda nueva, la cual tenemos la «brillante idea» de tirar abajo como se suele decir, y reestructurar todo de nuevo. Me veo en la apasionante tarea de elegir unos grifos para la casa nueva. Como buen consumidor digital que soy, decido en la comodidad de mi casa, en el sofá, Ipad en mano, comenzar a navegar. Busco formas, colores, disponibilidad, medidas, precio. Empiezo a navegar entre decenas de páginas y alternativas. Me empiezo a agobiar y no quiero equivocarme porque son muchos grifos, y ya me veo con el estrés de tener que devolver unos si otros no, en fin. Decido, irme a verlos en tienda y tocarlos. Me visto, me subo en mi coche, me dirijo a un gran centro especializado en temas de reformas y hogar, aparco. Allí estoy con los grifos que había visto en internet en mis manos. Me gustan. Lo tengo claro, los voy a comprar. Pido un último asesoramiento a una persona que trabajaba allí, todo genial, limpio, ordenado, trato excelente. Cuando ya estoy dispuesto a dirigirme a caja, empiezo a chequear los precios en la web de un gran conocido por todos que vende de todo y te llega al día siguiente, con políticas de devolución impolutas, creo que todos sabemos de quien estoy hablando… Veo que están más baratos. Así que los dejo de nuevo en sus estantes correspondientes, me subo al coche, me vuelvo a casa, tomo de nuevo el Ipad y los compro. Al día siguiente, me llega a casa, todo genial.

Esto podría quedarse en una simple anécdota, pero se me quedó grabado. Antes, piensa que el proceso era todo físico, luego todo on line, es decir empezabas y terminas el proceso de compra ya sea en tienda física o en web. Ahora es un flujo que puede ir cambiando. Fíjate en este caso que nos atañe: Comienza en web en la comodidad de mi sofá, prosigue en tienda física y lo remato en web. Ha sido como un péndulo que ha ido oscilando por ambos territorios con toda naturalidad. Y aquí está la clave, el proceso tiene que ser fluido, que los imputs de marca sean los mismos. Al consumidor le gusta la coherencia de marca. Y aquí, mi estimado lector o lectora, es donde se fragua la importancia de tener un customer journey map unificado con las emociones controladas y todos los estímulos sensoriales a punto, para que el consumidor pueda pasar de lo físico a lo digital y viceversa, sin notar grandes turbulencias ni cambios. Bienvenidos a la nueva era del FIGITAL.

Capítulo 9

Ejemplos reales de consultoría de Neuromarketing: Midiendo emociones y transformando productos y servicios en auténticas experiencias

A continuación, te voy a compartir casos reales de consultoría que hemos realizado a lo largo de los años. Muchos no te los puedo contar por tener contratos de confidencialidad establecidos y firmados. Otros, simplemente hablaré en general, sin mencionar la marca, por motivos similares, y otros, sí que te puedo hablar con todo lujo de detalles. En los últimos 10 años, hemos trabajado como te podrás imaginar en muchísimos proyectos, muchísimos sectores. Voy a tratar de dejarte un mix, en el que toquemos los distintos puntos que me parecen interesante desde el punto de vista de Neuromarketing.

Como no me va a resultar fácil, y sería tremendamente tedioso y largo para ti de leer de manera escrita, te voy a dejar una pequeña introducción de lo que vas a ver en texto, y la explicación completa en vídeo, y cuando el cliente nos lo permita, te dejaré un vídeo con la propia experimental y resumen del trabajo.

El primer caso que te dejo se trata de un Restaurante 2 estrellas Michelín. Un auténtico reto, cómo mejorar algo que ya de por sí es excelente. Mejorar la excelencia requiere de un nivel de mimo de los detalles apasionante. Aquí te cuento más sobre este proyecto que realizamos en 2019/2020:

QR 10: Neuromarketing en un Restaurante 2 estrellas Michelín (10 mins.)

Espero que te haya gustado, aquí te dejo ahora, el punto de vista del Chef:

QR 11: Resumen proyecto explicado por el propio Kiko Moya, Chef de L 'Escaleta, restaurante 2 estrellas Michelín. Proyecto ejecutado entre Macom (UPV) y la consultora Beating Brain (2mins.)

Fruto de ser la primera vez que se cambiaba un menú con estrella Michelín, no pensando en coherencia de ingredientes, sino basado en la emocionalidad de cada plato, el proyecto se convirtió en un hito en el sector de la alta gastronomía. Al mismo tiempo, nos llamaron para presentar el proyecto en Madrid Fusión, la feria por excelencia de la alta cocina, lo que nos propinó una gran publicity. Básicamente que los medios de comunicación te llaman para entrevistarte o concertar apariciones en los mismos de manera gratuita por lo relevante de la noticia o el contenido, lo cual es un super indicador de éxito de un proyecto. Aquí te dejo las apariciones en medios de Tv nacionales así como en Madrid Fusión.

QR 12: Extracto de mi intervención en el Programa de Tve 1 «Informe Semanal, Neuromarketing, la gran seducción». 26/06/2021 (1 min.)

QR 12 Bis: »Informe Semanal, - Neuromarketing, la gran seducción» 26/06/2021. Programa completo (12 mins.)

QR 13: Aparición en Informativos Tele 5, medio día, Enero 2020 (1 min.)

QR 14: Aparición en Informativos Antena 3, medio día, Enero 2020 (2 mins.)

QR 14 Bis: Tve 2, «Agrosfera en la 2. Neuromarketing con Macom y L'Escaleta. Campus de Alcoy de la UPV, 20 Enero de 2020 (1 min.)

QR 15: Mi intervención en Madrid Fusión y explicación del proyecto junto a Kiko Moya, David Juárez y Lucía Rodríguez (11 mins.)

QR 16: Presentación proyecto en Madrid Fusión, Enero 2020 (31 mins.)

QR 17: Neuromarketing y retail (3:30 mins.)

QR 18: Retail (1 min.)

Y si te digo, que se puede organizar una tienda física, no en función del producto o del precio, sino en función de las emociones que siente el usuario a lo largo de la tienda. Los KPI's generales suelen ser aumentar tiempo medio en tienda y ticket medio por persona. Aquí te dejo una explicación en vídeo:

QR 19: Neuromarketing y sector calzado (8 mins.)

QR 20: Neuromarketing, packaging y sector alimentación (1 min.)

QR 21: Lineal y mancha en retail (1 mins.)

En esta ocasión, te comparto un proyecto muy especial. Un proyecto en el que tratamos de buscar cuál es la emoción que se puede vincular al asociacionismo. Un proyecto bajo el nombre «La emoción que nos une» con FIAPAS, la Confederación de personas sordas y familiares de personas sordas:

QR 22: Fiapas, un proyecto emocional (2 mins.)

Aquí te dejo el vídeo de FIAPAS «Que lo escucha todo el mundo» en el que se visualiza todo el trabajo realizado con biometría y con la propia asociación:

QR 23: Proyecto Fiapas (2:30 mins.)

Este vídeo documental a través de un storytelling brutal en las calles de Bucarest (Rumanía) con la medición de emociones en directo. Todo un reto...

QR 24: Vichy (8 mins.)

QR 25: Experimento social LÓréal, proyecto Macom Research Lab (5 mins.)

QR 26: Reportaje UPV sobre el proyecto de L'Oréal (9 mins.) del equipo de Macom Research Lab

Aquí te dejo un pequeño resumen de un proyecto internacional que desarrollamos en colaboración con Brain Ux, Macom Reserach Lab y la Universidad de Cuenca (Ecuador) en el que realizamos la implantación y asesoramiento de un laboratorio de neuromarketing completo:

QR 27: Implantación laboratorio en Universidad de Ecuador (1 min.)

Aquí te dejo el lanzamiento de una nueva marca de cosmética especializada en tratados faciales para hombre. Aquí te dejo la medición de un usuario, para que veas el mapeo del ojo, del ratón y las respuestas emocionales:

QR 28: Navegación en web productos cosmética para hombres Lehman Skin Care

Aquí analizamos dos productos, uno de compra impulsiva (Bollisol) y el otro de compra recurrente en el lineal de compra.

Medimos atención, interés y conexión emocional. Un proyecto de Macom Research Lab junto con la agencia Estimado José Alfredo:

QR 29: Bollisol de la marca Dulcesol

¿Y si te digo que hay empresas que se juegan el 90% de su presupuesto de marketing anual asistiendo a la feria de su sector, y no tienen la certeza de si esa decisión es la correcta? El pasado mes de Noviembre, nos invitaron a participar en Empack, la feria del Packaging en IFEMA (Madrid) en la que además de compartir una conferencia con los asistentes, con gafas de eyetracking y otras biometrías, analizamos la eficacia del emplazamiento de los stands, logos, etc. Aquí te dejo un pequeño vídeo:

QR 30: Medición emociones de un stand en una feria

Capítulo 10

Tips finales

Ya has llegado hasta aquí. Te felicito y te agradezco tu confianza a la par.

Pero ahora, permíteme que te resuma lo que considero que es lo más importante, me he permitido darte **40 tips** sobre cómo utilizar el Neuromarketing en tu negocio para vender más y mejor. Aquí te dejo el último QR.

De nuevo, mi estimado lector, si has llegado hasta aquí: GRACIAS.

QR FINAL: 40 TIPS FINALES (45 mins.)

Si te ha gustado lo que has leído en este libro, tengo una comunidad y un curso de Neuromarketing que puede interesarte:

Bibliografía

Damasio, A. (1994). *Descartes' error: Emotion, reason, and the human brain.* New York, NY: G.P. Putnam's Sons.

Damasio, A. (2018). *The strange order of things: Life, feeling, and the making of cultures.* New York, NY: Pantheon Books.

Kahneman, D. (2011). *Thinking, fast and slow.* New York, NY: Farrar, Straus and Giroux.

Kahneman, D., & Tversky, A. (1979). Prospect theory: An analysis of decision under risk. *Econometrica, 47*(2), 263–291. https://doi.org/10.2307/1914185

MacLean, P. D. (1990). *The triune brain in evolution: Role in paleocerebral functions.* New York, NY: Plenum Press.

Mengual-Recuerda, A., Tur-Viñes, V., & Juárez-Varón, D. (2020). *Neuromarketing in haute cuisine gastronomic experiences.* Frontiers in Psychology, 11, Article 564026. https://doi.org/10.3389/fpsyg.2020.01772

Sinek, S. (2009). *Start with why: How great leaders inspire everyone to take action.* New York, NY: Portfolio.

Sinek, S. (2014). *Leaders eat last: Why some teams pull together and others don't.* New York, NY: Portfolio.

Pradeep, A. K. (2010). *The buying brain: Secrets for selling to the subconscious mind.* Hoboken, NJ: John Wiley & Sons.

Lindstrom, M. (2010). *Buyology: Truth and lies about why we buy.* New York, NY: Crown Business.

Morin, C. (2011). Neuromarketing: The new science of consumer behavior. *Society, 48*(2), 131–135. https://doi.org/10.1007/s12115-010-9408-1

Ramsoy, T. Z. (2015). *Introduction to neuromarketing & consumer neuroscience.* Boca Raton, FL: CRC Press.

Por si algún día, espero que muy lejano, los códigos QR dejasen de funcionar, aquí te dejo todos los enlaces directos para que puedas visualizar los vídeos:

QR 0: https://youtu.be/EHbJxng54LQ

QR 1: https://youtu.be/zRD_YwvTM_c

QR 2: https://youtu.be/50FyJuGBpTY

QR 3: https://youtu.be/RGjMLIp0fQU

QR 4: https://youtu.be/I0vnYRQ7aiI

QR 5: https://youtu.be/wM1W3hO0zSs

QR 6: https://youtu.be/Aypx4pCZQi0

QR 7: https://youtu.be/_U5_IS5zIYY

QR 8: https://youtu.be/BXTMr30gsEU

QR 9: https://youtu.be/l8D1pkHwEH0

QR 10: https://youtu.be/fJXCxRRJ4u8

QR 11: https://www.youtube.com/watch?v=qxKGI-tekds

QR 12: https://www.youtube.com/watch?v=NeecnM0C0as

QR 12 BIS: https://www.youtube.com/watch?v=4iULMQU2WqE

QR 13: https://youtu.be/HVdGEgMpu4M

QR 14: https://youtu.be/ZUIFCeqTwvg

QR 14 BIS: https://www.youtube.com/watch?v=GH2ovYlPlMU

QR 15: https://youtu.be/mYUv3IRzsaM

QR 15 BIS: https://www.youtube.com/watch?v=-qqYj0Y1_K0

QR 16: https://youtu.be/VU8karGppUw

QR 17: https://youtu.be/r3KGDbIHODY

QR 18: https://youtu.be/VD0CogWpLgc

QR 18 BIS: https://youtu.be/NuOZjaDhgUU

QR 19: https://youtu.be/Ik97FkqGwaA

QR 20: https://youtu.be/IQ3gbizd3Sc

QR 21: https://youtu.be/R3DvnKME5d8

QR 22: https://youtu.be/Khf7bAqbSoQ

QR 23: https://www.youtube.com/watch?v=u6JBK7ivDY-c&list=PLsuxCjQWSODymu1Z-O8fpy-Ct60O4758y

QR 24: https://youtu.be/C2RuO90HLw0

QR 25: https://www.youtube.com/
watch?v=oiBtSdwhV5o&t=120s

QR 26: https://www.youtube.com/
watch?v=-HbO3APg5MQ&t=99s

QR 27: https://youtube.com/shorts/ZZ9fK7fMQlc

QR 28: https://youtu.be/Tbkn_QZhQpA

QR 29: https://www.youtube.com/watch?v=Er_yvDAK6Kk

QR 30: https://youtu.be/kKW85ee4b3w

QR TEDX: https://www.youtube.com/
watch?v=cUd11dUcJ7E&t=87s

QR WEB PABLO FERREIROS: https://pabloferreiros.com/